노웅래의
공감
정치

공감해야 **공정하고**
공감해야 **정의롭다**

노웅래 지음

해냄

혁신은
과학의 핵심이다

국가 R&D(연구개발) 예산 24조 시대를 열었지만, 4차 산업혁명 강국 대한민국을 이루기 위해 우리가 가야 할 길은 아직 멀고도 험하다. 4차 산업혁명이라는 새로운 기회 앞에 대한민국이 한 걸음 더 전진하느냐는 어떻게 혁신하고, 혁신의 결과를 어떻게 연결하느냐에 달려있다고 해도 과언이 아닐 것이다. 희망적인 것은 대한민국은 2019년 글로벌 혁신지수(Global Innovation Index)에서 작년보다 한 단계 상승한 11위를 기록했고, 혁신의 품질은 그보다 높은 8위를 차지했다는 점이다. 어느 나라 못지않게 혁신에 많은 노력을 기울이고 있는 나라가 대한민국이다.

혁신을 위한 노력은 과학기술계의 특징이며 핵심이라 할 수 있다. 문제가 있다면 해결책을 찾고, 한계가 있다면 넘어서는 것이 과학기술의 역할이자 동력이다. 그리고 그 노력이 지향하는 바는 공동체의 행복과 발전이라 할 수 있다.

노웅래 국회 과학기술정보방송통신위원회 위원장이 ≪공감정치≫를 통해 제시하는 공동체 복지사회, 공정사회, 포용정치, 한반도 평화에 대한 비전은 과학기술이 추구하는 바와 맞닿아 있는 것이다. 이처럼 우리 모두가 바라는 미래, 국민 모두가 행복한 대한민국을 만들어 나가기 위해서는 과학기술 정부출연 연구기관과 국회가 힘을 모아 그 역할을 충실히 해나가야 한다.

평소 "정치는 과학의 머리가 아니라, 손과 발이 되어야한다"는 노웅래 위원장의 철학과 혁신을 위한 뜨거운 열정이 우리 과학기술계에 "가뭄에 단비" 같은 이유다. 더 나은 사회로 나아가기 위한 그의 철학과 비전이 녹아있는 ≪공감정치≫에 무한한 공감을 표하며, 앞으로도 정부와 국회, 연구현장을 잇는 노 위원장 특유의 "현장중심 소통정치"가 계속되기를 기원한다.

2020년 1월
국가과학기술연구회 이사장 원광연

공감이
공정의 힘이다

노웅래 의원과 함께 공부를 시작한 것은 2017년 초로 거슬러 올라간다. 3선 의원이 되면서 다양한 분야의 공부를 하겠다는 의지를 표명했다. 처음에는 각계 전문가 분들을 모시고 개인 과외를 받는 식으로 시작했다. 2018년 원내대표 경선 이후 참여자를 확대해 포럼 형식으로 확대 개편했다. 그동안 수십 회에 걸친 마포포럼에서 노웅래 의원은 바쁜 일정에도 불구하고 항상 처음부터 끝까지 열심히 듣는 모범생이었으며, 공부한 내용을 어떻게 활용할지 치열하게 고민했다. 축사만 하고 나가거나, 조는 모습의 정치인들과는 차원이 다른 모습이었고, 공부한 내용을 나름대로 다시 정리하여 이 책이 나올 수 있었다. 마포포럼을 함께했던 참석자로서, 오랫동안 보아 온 노웅래 의원의 모습을 떠올려 보았다.

노웅래 의원은 잘 들을 줄 아는 정치인이다. 포럼에서는 노웅래 의원의 생각이나 정부 여당의 정책에 반대하는 얘기도 많이 나왔다. 그럴 때마다 노 의원은 자신의 생각을 먼저 얘기하는 법이 없었다. 반대 의견을 적극적으로 들어보고 수용할 수 있는 부분은 수용하려는 모습에서 참된 공감의 모습을 볼 수 있었다. 진보-보수 진영의 이념 대립이나 세대 갈등, 성별 갈등 등이 심해지는 이 시국에서 통합의 역할을 할 수 있는 정치인이라 생각한다.

노웅래 의원은 공정하고, 상식이 통하는 '개념' 정치인이다. 지지자 중심의 편 가르기에 능한 다른 정치인과는 달리, 노 의원은 진영 논리보다는 정말로 옳고 그름을 따지고, 사회와 국가가 잘 되는 방향이 무엇인지를 고민했다. 그러다보니 열혈지지층들에게 오해를 받는 경우도 있었다. 그러나 말없는 다수를 위한 정치를 통해 공정과 상식이 통하는 사회를 만들기 위해 노력한다.

노웅래 의원은 실천하는 정치인이다. 다른 정치인들에 비해 말수가 그리 많지 않다. 그러나 배운 것을 활용하고, 옳다고 생각하는 일은 뚝심 있게 실천한다. MBC노조위원장 시절, 정규직의 임금을 동결하는 대신 비정규직의 처우 개선을 실현했던 일화를 비롯해, 과방위 상임위원장을 맡아 일하는 국회를 만든 것 등 말보다 실행력을 보여주었다.

노웅래 의원은 국가의 장기적인 미래에 대해서 고민이 많다. 생계형 정치인이 되지 않겠다는 말을 자주 한다. 자신의 영달을 위한 정치가 아니라, 국가의 미래를 위한 정치를 하겠다는 의지의 표현이다.

그래서 이 책에는 10년 후인 2030년을 위한 정책이 많이 들어있다. 4년마다 있는 총선과 5년마다 있는 대선 등으로, 각 정당은 장기적인 국가 전략보다 당장의 득표를 생각하지 않을 수 없다. 이러한 상황에서 10년 후를 논의한다는 것은 쉽지 않은 일이다. 인구구조의 변화나 노동개혁 등의 사회적 난제에 대한 쾌도난마의 해결책은 솔직히 쉽지 않다. 10년 후를 바라보고 장기적 정책에 대한 논의를 시작하겠다는 노웅래 의원에게 뜻을 펼칠 기회가 주어졌으면 한다.

이 책의 제목처럼 '노웅래의 공감정치'를 통해서, 대한민국 국민들이 더욱 행복한 나라가 되기를 희망한다.

2020년 1월
마포포럼 참여자 일동

"포용사회에서 적정 급여 수준이 보장되는
사회안전망 구축은 필수적이다.
인간으로서 존엄과 가치를 지키고
행복을 추구하기 위한
기본적 생활여건을 마련하는 것은
포용사회의 기본이 되어야 한다.

나는 공동체 의식이 강한
국가의 목표는 '가정이 행복한 나라'라고 확신한다.
가정이 행복한 나라를 만들기 위해
국가의 복지정책은 어떠해야 하는가에 대해
고민했다."

– 국회의원 노웅래

공감해야 공정하고
공감해야 정의롭다

이 책은 2018년 여름부터 운영한 〈마포포럼〉의 1차 결과물이다. 2018년 5월, 민주당 원내대표 경선에 나섰다가 두 번째로 낙선한 직후였다. 힘들었던 경선과정을 되돌아보면서 부족함을 채우고, 미래를 준비하기 위한 출발점으로 포럼을 결성했다.

정책 자문역할을 해 주는 각계 전문가들과 만나면서 국가 아젠다를 발굴하고 대안을 모색하는 것이 무엇보다 중요하고 3선 국회의원으로서 생계형 정치인이 아닌 소명의 정치인으로 다가올 21대 국회에서 해내야 할 미래 정책비전을 준비하고자 한 것이다. 포럼은 정기적으로 각계 전문가들과의 현안토론 형태로 진행해 왔다.

필자는 20대 국회 초반부터 여·야 의원들이 참여한 국회의원 연구단체인 〈통일을 넘어 유라시아로〉 포럼 공동대표로 활동했다. 남북 화해와 교류협력방안은 물론, 남북 간 철도연결과 대륙으로 가는 길에 대해 함께 토론하고 대안을 고민했다. 국회에서 정책토론회도 수시로 열었고, 판문점 JSA, 경원선 복원사업 현장 등도 방문해 공감대를 확산시켰다. 정치현안에 대해서는 첨예하게 대립했지만 여·야 회원들 모두 대한민국의 미래발전에는 한마음이었다. 연구단체를 이끌면서 '대결의 정치'를 넘어서 상대와 반대파도 아우르는 상생하는 '공감정치'의 가능성을 엿볼 수 있었다.

포럼이란 말은 로마시대의 도시 광장을 일컫던 포룸(Forum)에서 유래됐다. 고대 로마 도시에는 포룸이라는 정치와 종교의 중심지 역할을 하는 광장이 있었다. 시민들이 모여 자유롭게 연설하고 토론하는 장소였다. 민주주의의 대표적 모토가 토론이다. 그만큼 민주사회의 근간에는 '공개토론'이란 뜻의 '포럼'이 중요한 자리를 차지할 수 밖에 없다.

〈마포포럼〉을 시작하면서 운영방안 및 1차 과제에 대해 논의했다. 세미나는 △ 스터디를 통해 국가 비전과 각 분야별 비전의 정립 △ 경제, 정치, 사회, 교육, 남북관계·외교안보 등 5개 챕터로 구성 △ 이슈(소주제)별 현황과 문제점, 정책대안 제시로 잡았다. 그리고 논의의 결과물을 책으로 묶어 출간하기로 했다. 또한 △ 선거용 출판이 아닌, 알맹이가 있는 정책비전서 발간을 목표로 △ 매 주제별 세미나 이후 서적의 목차와 형식에 따라 정리, 집필하기로 정했다.

2018년 7월 경 여러 전문가들이 모여서 이한구 수원대 명예교수를 모시고 '한국재벌의 성장과 과정'을 주제로 첫 세미나를 시작했다. 방식은 콜로키움(Colloquium)을 지향했다. 발표자가 발표를 한 후 참여자와 자유롭게 의견을 조율해 나가는 토론 방식이었다. 대학의 세미나나 토론회 따위가 이에 속한다. 발제자는 해당 분야의 전문가로 알려진 대학 교수, 연구소의 연구원, 민간분야 전문가 등으로 다양화했다.

첫 번째 분야는 국민이 먹고 사는 '문재인 경제 분야'부터 다루기로 했다. 행복한 가정, 일자리 창출과 고용안정, 소득증대, 혁신 성장, 공정경제 등을 첫 주제로 정해 논의를 시작하게 된 것이다.

문재인 정부의 주요 3대 경제정책별 주요 이슈들은 △ 소득주도 성장: 일자리 창출, 최저임금 인상 등 △ 혁신 성장: 규제 혁신 (서비스 산업 혁신), 산업 생태계 구축 등 △ 공정경제/경제민주화: 재벌 개혁, 금융 개혁, 골목상권 보호, 세제 개혁, 부동산 정책 등으로 구별될 수 있다. 이들 외에도, 에너지/탈원전 정책, 남북 경제협력, 통상 및 대외협력(신북방/신남방 정책), 공공부문 개혁 등 중요한 경제적 영향을 미치는 정책도 주제에 포함시켰다.

포럼의 결과물을 정리하는 것도 중요한 과제였다. 이를 위해 발제자로부터 사전에 발제문을 제출받아, 세미나 개최의 경우 해당 주제와 관련한 포럼대표의 기조발제를 들었다. 콜로키움 및 세미나 진행과정에서 토론된 내용들은 최대한 책에 반영하고자 했다. 15개월 동안 23회의 포럼이 개최되었고, 수십 명의 뛰어난 전문 연구자들이 우리를 이끌어주었다. 다시 한 번 고마움을 전한다.

이 책은 〈마포포럼〉의 소중한 성과물이다. 발제문들을 기초로 하여,

필자가 공부하고 고민했던 주제들을 담았다. 덕분에 필자가 소속된 국회 과학기술정보방송통신위원회 상임위원회 의정활동에 필요한 전문적 식견을 더욱 넓힐 수 있었다. 또한 국가비전을 제시하고 각종 정책대안을 마련해야 하는 집권당의 3선 국회의원으로서의 책임감도 키울 수 있었다.

끝으로, 흔쾌히 〈마포포럼〉의 좌장 역할을 해준 전희락 교수, 홍진환 교수, 오일석 교수 등과 책 출간을 마무리까지 도와준 김병년 작가에게도 특별히 고마움을 표한다. 또한 기꺼이 편집과 출판을 맡아준 하나로 애드컴 손정희 대표와 해냄출판사 송영석 사장께도 깊은 감사를 드리고 뒷바라지한 김현목 보좌관의 노고에도 고마움을 표한다.

2020년 1월 10일

마포에서 노웅래

차례

제1부 공정사회로 가는 길

3장 영역별 공정성 담론

제4부 한반도 평화로 가는 길

제1부

·

공정사회로 가는 길

정치는 공감이다

1

포용해야 한 식구다

나는 콩나물국을 싫어한다. 신혼 때 아내에게 "'콩'자 들어가는 반찬은 밥상에 놓지 않으면 좋겠다."고 부탁하기도 했다. 콩나물은 집안의 아픈 사연과 얽혀 있다. 나는 마포에서 3대째 살고 있는 '마포토박이'다. 선친은 29세에 마포에서 초대 서울시의원에 당선된 것을 시작으로, 서울시의원 두 번, 국회 부의장을 포함한 국회의원 다섯 번, 그 이후 마포구청장 두 번을 지낸 외길 야당 정치인이었다.

그러나 어린 시절은 선친의 화려한 정치활동과는 거리가 멀었다. 하루하루 풀칠하기도 힘들었다. 네 살 때였다. 부친이 서울시의원에 재선된 다음해인 1961년 5·16 군사 쿠데타가 터졌다. 그때부터 핍박받는 야당 정치인으로서의 세월이 시작되었다. 박정희 정권은 공화당에 들어오면 미래를 보장해주겠다고 선친을 회유했다. 민주주의 신념이 강했던 선친은 쿠데타 일당과 함께할 수 없었다. 그 때부터 온갖 고난이 닥쳐왔다.

할아버지께서는 심성이 곱고 부드러운 선비였다. 모시 바지 차려 입고 글만 읽으셨다. 일제 강점기 때도 일본 순사가 집에 오면 방에서 단 한 발짝도 나오지 않으셨다. 바깥일은 대가 세고 사리분별이 분명한 할머니가 도맡아 처리하셨다고 한다. 아버지 형제분이 여럿이었지만, 누구도 선친에게 재정적 도움을 줄 형편이 못되었다. 그 분들도 역시 가난한 집 자식으로서 당신들 호구에 헉헉거렸다. 물론 선거철이 되면 모든 친인척들이 선친을 위해 몸으로 뛰어다니며 도움을 주었다.

식구들은 늘 당장 먹을 것을 걱정해야 했다. 어머니의 봉투 풀칠이 수입의 전부였던 때도 많았다. 그렇지만 그것으로만 식구들의 호구가 해결되지 않았다. 탄압 받는 선친께서 할 수 있는 일은 거의 없었다. 식구들은 어쩔 수 없이 할머니 댁으로 들어갔다. 할머니는 생활력이 대단한 분이셨다. 명목은 할아버지와 할머니를 모시는 것이었지만, 사실은 생활력 강한 할머니께 얹혀살게 된 것이다. 이마가 반듯하고 이목구비가 뚜렷한 미인이었던 할머니는 93세에 돌아가실 때까지도 건강하셨다. 얼마 후 작은아버지도 사업에 실패했다. 작은집 식구들도 할머니 댁에 합류했다.

가난은 늘 죽음과 직결되어 있었다. 바로 위 누나는 세살 때 약 한 봉지 제대로 먹지 못하고 하늘나라로 갔다. 지금도 그때를 떠올리면 밥상이 가장 먼저 떠오른다. 밥상은 항상 전쟁터였다. 10명에 가까운 아이들이 옹기종기 둘러앉은 개다리소반 위에는 꽁보리밥에 간장, 대충 버무린 김치와 멀건 콩나물국이 전부였다. 돌덩이처럼 식은 보리밥을 콩나물국에 말면 알갱이들이 알알이 떠다녔다. 한 숟가락 더 먹으려고, 콩나물 한 가닥이라도 더 차지하기 위해 아이들은 치열하게 몸싸움을 했다. 집안 형편이 조금 나아진 후부터 밥상에 콩나물국은 금기였다.

2014년 송파의 세 모녀는 가난을 이겨낼 힘과 희망을 잃고 비관하여 자살했다. 2018년 탈북하여 정착한 모자가 가난 때문에 죽은 채 발견되었다. 이들 모두 20대와 30대였다. 지금 우리사회는 어느 때 보다 풍요롭고 민주적이며 평화롭다. 우리는 세계가 부러워할 만큼 경제가 성장했고, 민주화를 이뤄냈고, 다양한 문화를 누리고 있다. 그런데도 지금 누군가에게는 그토록 지긋지긋한 가난이 여전히 계속되고 있다.

많은 국민들은 사는 게 팍팍하고 행복하지 않다고 아우성이다. 나라가 부자임은 분명하다. 그렇지만 대부분의 젊은이들은 가난하다. 미래가 안 보인다고 '헬조선'을 외친다. 월급을 한 푼 안 쓰고 평생 모아도 서울의 아파트 한 채를 살 수 없다. 결국 젊은이들은 결혼을 포기했다. 아이 낳는 것도 포기했다. 출생률은 세계 최하위로 떨어졌다. 이제 국가는 사회 지속가능성을 걱정해야 한다.

개발독재시대의 인구정책은 '둘도 많다'였다. 지금은 국가가 출산율을 높이려고 애를 쓰지만 너무 늦었다. 지난 정부들은 150조원에 달하는 국가예산을 부어댔지만 만시지탄이었다. 게다가 IMF 외환위기를 벗어나면서 젊은이들은 결혼을 포기했다. 사회의 출산율은 급감했고, 세계 최하위 국가로 전락했다.

인구구조는 저출산고령사회의 전형으로 바뀌었다. 머지않은 미래에 국가 재앙수준의 엄청난 사회경제적 충격을 안길 것이다. 그러나 인구구조 변화가 야기하는 재앙들은 당장 나타나는 문제가 아니어서 정책담당자들이나 국정책임자 마저도 내 임기 이후의 일이라 생각했다. 국가 인구정책은 종합적으로 수립되지 못하고 미봉책에 급급해 왔다. 그러다보니 인구문제는 시한폭탄처럼 터질 날만 기다리고 있다.

우리나라 가정들 대부분은 행복하지 않다. 자녀 걱정, 언제 어떻게 될지 모르는 비정규직 노동자들 가정의 불안, 육아 걱정까지. 과거에는 대부분의 문제들을 가족공동체 안에서 해결했다. 그러나 더 이상 가족 공동체 안에서만 해결할 수 없다. 아직도 우리 사회는 가족공동체적 의식이 강한 사회다. 대부분의 사람들은 사회적 성공, 권력, 재산보다 '가족 건강'과 '가족 안정'을 기준으로 자신의 행복을 평가한다. 이것이 우리 정치가 국민들, 특히 가족 공동체 삶의 질을 높이기 위해 노력해야 하는 이유이다.

가정이 행복한 나라를 만들면 젊은이들은 미래 희망을 품게 될 것이다. 저출산 문제는 저절로 해결될 것이다. 가정이 행복한 나라에서는 안정적이고, 차별받지 않고 일할 곳이 있다. 젊은이들은 경제적 여건이 갖춰져 신혼집 걱정하지 않고 결혼하고, 아이로부터 행복감을 되돌려 받을 수 있도록 아이 갖고 싶은 그런 나라이다. 이것이 내가 바라는 공동체복지사회 즉, 포용사회이다.

포용사회는 국민의 기본 삶을 국가가 책임지는 복지국가를 말한다. 복지 정책을 통해 개인과 가정의 행복과 사회 안전망을 구축해야 한다. 문재인 정부는 약자를 포용하고 모두가 함께 성장하는 포용국가를 '나라다운 나라'라고 했다. 포용사회는 송파의 세 모녀 자살이나 울산의 탈북 모자 자살과 같은 복지사각지대를 없앨 수 있을 것이다.

포용사회에서 적정 급여 수준이 보장되는 사회안전망 구축은 필수적이다. 인간으로서 존엄과 가치를 지키고 행복을 추구하기 위한 기본적 생활여건을 마련하는 것은 포용사회의 기본이 되어야 한다. 이를 위해 기본소득제에 대해 진지한 성찰을 해야 한다. 나는 유교적 전통이 강해 공동체 의식이 뿌리내린 우리 사회의 국가 목표는 '가정이 행복한 나라'라고 확신했고, 가정이 행복한 나라를 만들기 위해 국가의 복지정책은 어떠해야 하는가에 대해 고민했다

우리가 당면한 과제

천재지변이나 전쟁 등의 극단적 상황이 아닌 한, 인구는 급격히 변동하지 않는다. 출산과 사망, 이민 등의 이동으로 변동되는데, 출산율이나 사망률은 갑자기 변하지 않는다. 이민 정책 역시 사회적 합의가 필요한 부분이어서 대규모로 추진하기 어렵다. 인구 정책은 10년 이상을 장기적으로 내다보면서 수립해야 한다. 인구정책은 인구조정정책과 인구대응정책으로 구분하여 검토해야 한다. 인구조정정책은 인구 규

모와 구조를 국가와 사회 그리고 개인에게 유리하도록 출생률, 사망률 및 인구이동에 영향을 미치고자 하는 정책을 말한다. 인구대응정책이란 인구 변동에 의한 부정적인 영향을 극복하거나 완화하기 위한 각종 사회정책, 경제정책 등 포괄하는 정책을 말한다.

지난 정부들의 인구 정책은 출산장려금 지급을 중심으로, 신혼부부 주거지원과 청년층 고용지원 등 출산율을 올리기 위한 인구조정정책을 중심으로 실행되었다. 그렇지만 큰 효과를 거두지 못하였다. 이제는 출산율 급감을 사회적 현상으로 받아들여야 한다. 출산 장려 정책과 같은 인구조정정책과 함께 출산율 급감에 따른 각종 사회정책, 경제정책 등을 대응책으로 수립할 필요성이 높아졌다.

인구구조의 변화는 많은 국가적, 사회적 어려움을 불러온다. 각종 연금과 건강보험 재정 등 사회보장의 부담 확대, 학령인구 감소에 따른 교육기관에 대한 대책, 국방인력자원 부족에 대한 대응, 저성장 구조와 내수시장의 위축, 지방 소멸, 노동력 부족에 대한 우려 등 모두가 중차대한 문제들이다. 한국의 인구밀도를 고려할 때, 인구 감소의 규모보다 인구 감소의 속도와 지역별 차이가 더 큰 문제가 된다. 지방이 소멸하고, 수도권만 살아남는 것은 국가의 생존이나 우리 사회의 지속 가능성에 치명적일 수 있다. 지방의 소멸은 해당 지방만의 문제가 아니다. 국가 전체의 부담이다. 행정구역 개편 등 지역 균형 발전을 위한 특단의 대책이 필요하다.

저출산과 더불어 급속한 고령화도 큰 문제이다. 한국은 고령화가 세계에서 가장 급격히 진행되는 나라이다. 고령자 비중의 급격한 증가는 복지 지출 부담의 급증을 비롯해 많은 사회적 이슈를 야기한다. 그렇기에 정년 연장에 대한 논의가 제기되고 있다. 그러나 정년 연장 논의에는 청년 세대와의 '세대 간 일자리 전쟁'에 대한 우려와 함께, 노조의 요구와 기업에 미치는 부담 등 노동과 자본의 대립 가능성 등으로 장기간에 걸친 '사회적 대타협'이 필요하다. 역시 정치의 문제이다.

인구 정책이 지속가능하고 행복한 사회를 목표로 하듯이, 노동 정책의 목표도 지속가능성에 두어야 한다. 특히 정규직과 비정규직의 차별이 명확한 고용구조와 근속연수에 따라 임금이 올라가는 연공급 임금 체계 등을 바꾸는 노동시장 개혁은 정년 연장 논의를 위한 기본전제 조건이다. 저출산 고령화 시대에 경제성장률은 낮아졌고, 기술 변화의 속도는 매우 빨라졌다. 고도 성장기에 수립된 노동 현장의 자원관리 방식도 큰 변화를 피할 수 없다. 임금제도를 비롯한 노동시장의 공정성이 확립되지 않으면, 정년 연장 등은 실행이 불가능하다. 동일노동 동일임금, 연령이나 성별에 따른 차별 금지, 직무/성과/역량에 따른 보상 수준 결정을 비롯한 노동시장 구조 개혁 조치는 정년 연장과 결합되어 있다. 경영진과 노조, 정부가 머리를 맞대고 사회적 대타협을 이끌어내야 한다.

노동시장의 포용적 혁신을 위해서는 첫째, 개인의 장점을 개발하는 인적 자원을 양성하고, 둘째, 개인의 축적된 역량을 발휘할 수 있는 기회를 제공하며, 셋째, 인적자원 관리의 절차적 공정성을 높이고, 넷째,

성과에 따라 보상의 공정성을 높여야 한다. 인구문제로 인해 야기되는 인구구조 변동과 관련된 문제와 해결방안, 그리고 인구구조 변동에 따른 노동구조의 변화에 대해 지난 2년 동안 학계의 전문가들을 만나 토의하고 숙의하였다.

정치는 경제를 북돋는 힘

나는 정치가, 국민이 '안락하고' '안전하고' '풍요롭고' '행복하게' 사는 세상을 만드는 과정이라고 믿는다. 정치하는 동안 포기할 수 없는 가치들이다.

한국 경제의 저성장 구조와 분배구조 악화는 새로운 문제가 아니다. 이들 문제를 한 번에 해결할 수 있는 정책은 없다. 문재인 정부의 소득주도성장과 혁신 성장 정책도 기본 방향은 잘 잡은 것이다. 그렇더라도 한국 경제의 누적된 문제점에 따른 단기적 부작용을 최소화하기 위해서 정책의 추진 속도와 세부적 방법론에 대해서는 보완이 필요하다.

소득주도 성장이 우리 경제의 성장 모델이 되려면 기업들이 혁신을 통한 생산성 향상과 실질임금 증가에 대한 생각을 바꿔야 한다. 그러나 기업의 생산성 증대가 정체되어 있어 이 정책의 시행에 문제점이 나타난 것이다. 정부는 시장경제에 자율성을 보장해 혁신을 장려하고, 공정한 경쟁과 결과의 분배를 위한 감시 역할을 강화해야 한다. 그래서 소득주도성장과 혁신 성장, 공정경제는 반드시 함께 가야 한다.

혁신의 결과가 사회에 공정하게 분배되기 위해, 소득주도성장과 공정경제, 일자리 중심 경제정책이 어우러져 선순환구조를 만들어 낼 때 시너지가 이루어진다. 경제적 양극화 문제를 초래하고 분열과 대립 구도가 심화되는 기업(자본)과 근로자(노동), 대기업과 중소기업, 성장과 복지 등의 문제를 상생 구조로 변화시키기 위한 정책이 필요하다. 상생 경제 패러다임은 경제에 대한 단기적, 대중적 처방보다는 장기적 관점에서 선순환이 이루어지도록 한다.

경제 정책의 최대 과제는 효율성(성장)과 공평성(분배)의 균형과 조화를 이루는 것이다. 저성장과 양극화의 문제를 해결하기 위해 혁신을 통한 성장은 매우 중요하다. 그러나 공동체 복지사회를 위해서는 공정한 분배 문제는 역시 중요하다. 이들의 관계를 양분해서는 안 된다. 기업으로 하여금 혁신에 혁신을 더해 갈 수 있도록 장애가 되는 기득권적 기존 질서와 규제를 혁신하는 국가정책이 중요하다.

혁신 성장은 민간 기업이 주도해야 한다. 대기업과 중소기업 모두 혁신의 주체가 될 수 있다. 혁신 성장을 본격화하기 위해서는 대기업과 중소기업, 새로운 벤처들이 혁신의 생태계를 구성하고, 각자의 영역에 맞는 혁신 방식을 실행하면 된다. 혁신 성장을 지원하는 정책은 예산을 늘려 지원금을 주는 것이 아니라, 기업가들이 의욕을 갖도록 만드는 것이다. 혁신 성장 정책은 실패를 방지하는 것이 아니라, 실패를 당연히 있을 수 있는 일로 생각하고 다시 도전하게 만드는 정책이 되어야 한다.

규제 개혁의 핵심은 진입 규제에 대한 개혁을 통해서, 시장에 경쟁의 활력을 부여하고 일자리를 창출하는 것이다. 혁신 성장을 위해서는 규제에 대한 원칙을 합의할 필요가 있다. 기득권을 보호하는 진입 규제는 가능한 한 철폐하고, 과정보다는 결과에 책임을 지도록 하며, 규제 개혁으로 인해 생길 수 있는 부작용을 감수할 수도 있어야 한다.

혁신은 작은 것부터, 할 수 있는 것부터 일단 시작하고 문제를 보완해 가는 방식으로 추진해야 한다. 규제 논의를 하다보면 항상 '총론 찬성, 각론 반대'의 논의가 되기 십상이다. 어떤 규제가 어떤 산업을 가로막고 있는지 알기 위해서는 일단 실행을 하면서 문제를 찾고 개선해야 한다. 상생경제의 기본 원리는 시장의 경제 주체들간의 상호작용을 통해 함께 성장하는 상생의 메카니즘이 작용하는 경제시스템이다. 혁신으로 인한 성장의 대가를 어떻게 분배하느냐의 문제로 보면, 기본원리는 동반성장이나 공정경제와 같다.

문재인 대통령은 공정경제는 경제에서 민주주의를 이루는 일이라고 했다. 공정경제는 과정에서 공정한 경쟁을 보장하고, 결과로서 성장의 과실을 정당하게 나누는 것이다. 갑을관계로 상징되는 경제적 불공정 관계를 개선하지 않으면, 우리 경제는 활력을 잃고 부의 불평등은 심화될 수밖에 없다. 상생은 중소기업과 소상공인 등 경제적 약자들의 자생력과 협상력을 높이는 노력을 통해, 함께 잘살기 위한 해법이며, 결코 대기업을 규제하기 위한 방식이어서는 안 된다. 다만 정부는 경제를 공정하게 운영하는 심판자로서, 불법과 반칙을 엄단하고, 공정한 제도와 관행이 자리 잡도록 역할 해야 한다.

공정은 공감이다

국민들이 원하는 나라는 '정당한 나라', '정의로운 나라', '공정한 나라'이다. 민주주의가 완성되면 '옳은 것은 옳고 그른 것이 그른' 정의롭고 공정한 사회가 될 것이라고 믿었다. 아직까지 도처에 부정의와 불공정이 깔려 있는 것은 아직 우리가 원하는 수준의 민주주의를 이룩하지 못했기 때문이다. 부정의, 불공정, 부당한 일이 있는 곳이면 '이것도 나라냐!'며 국민들은 '촛불을 든다.' 우리사회가 '공정'을 말한 지는 10년도 채 안 되었지만, 이제 우리사회의 거대담론은 '공정'이다.

우리 사회가 급성장해 오면서 부정적 측면들도 함께 자라왔다. 그것 중 대표적 현상은 정경유착이다. 경제발전을 하면서 기업들은 정권과 밀착되어 성장해 왔다. 이 결과 기업의 불공정 행위에 대한 국가적 처벌은 미온적이었다. 국가의 자의적 법 집행은 사회를 양극화시켰다. 특히 IMF 외환위기를 거치면서 불공정이 확대되었다. 경제적 파국을 막기 위해 IMF로부터 외화를 차용하는 과정에서 그들의 강압으로 많은 신자유주의정책들이 도입되었다.

노동자들은 하루아침에 직장에서 쫓겨났고, 젊은이들의 일터는 일순간에 사라졌다. 기업들은 그 자리를 비정규직으로 채워갔다. 직장인들은 '사오정'을 걱정했고, 젊은이들에게는 일자리가 없어졌다. 사회 내 기득권 계층은 자신들의 모든 부와 권력을 이용하여 계층의 세습화를 위한 불공정 게임을 계속했다.

상위계층 0.5%가 우리나라 부의 19.3%를 소유하고, 상위계층 1%가 우리나라 부의 25.9%를 소유하고 있다. 상위계층 5%는 우리나라 부의 50.3%를 소유하고 있으며, 10%로 늘리면 전체 부의 66.0%가 집중되어 있다. 반면에 하위 50%는 단지 1.7%의 자산만을 소유하고 있다. 이제 이 땅의 양극화는 치유 불가능할지 모른다.

일부 언론은 30년 후면 각종 연금이 고갈될 것이라고 세대 간 갈등을 부추긴다. 대통령이 나서서 국가가 끝까지 연금을 책임진다고 언급했음에도 불구하고, 일부 젊은이들은 신뢰하지 않는다. 본인들은 국민연금을 탈 수도 없을 것인데, 왜 지금 연금을 넣어야 하느냐고 묻고, 비정규직 노동자는 4대 보험 가입 자체를 꺼리면서, 아르바이트를 전전한다. 세대 간 갈등은 더욱 노골화 되고 있다. 젊은이들은 실망했고, 좌절했다.

공정이 추구하는 목적은 정의롭고 공정한 사회를 만드는 것이다. 헌법 제10조 규정처럼 모든 국민이 최소한의 인간다운 삶을 영위할 수 있는 공동체 복지사회를 만드는 것이다. 공정사회로 가기 위해서는 절차적 공정성과 분배적 공정성이 갖춰져야 한다.

절차의 공정은 해결 과정이 형식적 측면에서 정의롭게 이루어지는 것을 의미한다. 예를 들면, 국방의무를 부과하기 위한 징병신체검사 과정, 대학 입시 기준과 입시 과정, 행정부처의 정책 결정과정과 집행과정, 검찰의 수사과정과 사법기관의 재판과정, 국회에서의 입법과정까지 논의의 대상이 되는 과정에 할당된 양을 결정하는 수단까지도 지역, 성별, 출신 성분에 구애되지 않고 균등한 기회가 주어져야 한다.

분배의 공정은 교환관계에서 사람들간의 투자와 이익의 차이를 비교하여 자신의 노력에 따른 보상을 받았을 때 느끼는 공정성이다. 분배가 실질적으로 공정하게 이루어졌는가하는 결과의 공정성을 말한다. 군역이라면 출신과 집안 배경의 고려 없이 개인이 책임져야 할 국방 의무를 부과하는 것이고, 조세라면 각자가 마땅히 부담해야 할 세금이 부과되어야 하고, 노동이라면 출신 성분과 채용조건의 구애 없이 동일노동 동일임금의 원칙이 지켜져야 한다. 교육도 마찬가지이다. 균등한 교육의 기회가 주어져야 한다. 기회가 공정했다면 결과의 차이가 크더라도 인정하기가 용이하다. 그리고 분배의 공정에서 무엇보다 균등한 기회가 주어지는 것도 중요하다.

시민들은 불공정에 분노하지만, 해결할 책임은 정치의 몫이다. 국회는 공정한 합의를 통해 갈등을 해결하는 역할을 수행하는 국가기구이기 때문이다. 우리 국민들은 수차례의 혁명을 통해 권력의 주인은 국민이라는 것을 확인하면서 민주주의를 완성해 왔다. 수차례의 시민 혁명을 통해 민주주의를 완성시킨 우리의 경험은 세계 어떤 나라도 가져보지 못한 자랑스러운 역사다. 국민이 주인임을 아는 우리 국민들은 불공정에 분노할 줄 안다. 앞으로도 불공정에 분노를 멈추지 않을 것이다. 그래서 불공정은 축소되어 갈 것이다. 최종 책임은 국회가 져야 한다.

공감은 진보와 보수를 아우른다

우리 사회는 진보와 보수가 팽팽한 균형관계를 유지하고 있다. 〈데일리안〉이 여론조사 전문기관인 〈알앤써치〉에 의뢰해 실시한 2019년

8월 정례조사에 따르면 자신의 정치성향을 '진보'와 '보수'라고 응답한 비율이 14.9%로 동일하게 나타났다. 자신을 '중도보수'(26.6%) 또는 '중도진보'(25.0%) 성향이라고 응답한 비중 역시 비슷한 것으로 조사됐다. 그러다보니 거의 모든 사안에서 팽팽한 견해 차이를 드러낸다.

노무현 전 대통령은 '진보'와 '보수'를 간단히 정의한 바 있다. 그의 고향 진영에는 승객으로 항상 만원인 버스가 하루 몇 번 다녔다. 그래서 중간 중간 버스가 서는 곳에서는 늘 손님들이 버스를 타기 위해 안간힘을 쓴다. 그 때 기사를 향해 '만원이니 그냥 갑시다, 더 실을 곳이 없다고 소리를 지르는 사람은 보수요', 이미 타고 있는 승객들을 향해 '같이 가게 안으로 조금씩 이동합시다.'라고 부탁하는 사람들은 진보라고 말했다. 노무현 대통령의 진보 개념은 '배려의 진보'다. 의미 있고 명쾌한 정의다.

나 역시 평생을 진보의 가치를 추구해 왔다. 내가 생각하는 진보는 '약자와 공감하는 마음의 표현'이고, '억압에 분노하고, 함께 행동하는 것'이다. 그러나 그 분노와 행동은 절제되어 있어야 한다. 나는 극악한 군부독재 시절에 불의와 폭력에 맞서 싸워온 '마포새우젓 정치인 노승환'의 아들로 살면서 이러한 진보의 개념을 체득했다.

늘 감시당했던 선친은 청렴했기에 살아남을 수 있었다. 나는 선친에게서 그것을 배웠다. 선친은 부정의에 분노하면서도 감정적으로 드러내지 않았다. 내가 기자가 된 배경도 이것이었다. 야당 정치인의 아들이란 이유로 불공정하고 부당한 대우를 받았다. 항상 '니 아부지 뭐하

시노?'였다. 기자생활을 하면서 추구하는 진보의 이념은 정의와 공정이었다. 나는 '진실이 정의다'라는 믿음으로 '부정의'에 맞섰다.

MBC 기자 시절이었다. 노조위원장에 선출 될 때까지 나는 평조합원일뿐 노조 간부로 활동하지 않았다. 그렇지만 사내외의 부정의에는 항상 함께했다. 문민정부를 표방한 김영삼 정부의 언론장악에 맞서기 위해 평조합원이면서도 1995년 공정방송을 요구하며 9일간의 단식투쟁을 주도하였다. 노조원들을 한데 뭉치게 하였고, 결국 노조의 주장을 관철시켰다. 그런데 전임 노조위원장들이 논의를 마치고 노조 간부가 아닌 나에게 노조위원장을 맡아달라고 요청했다. 당시 MBC 노조는 전임 노조위원장들이 논의하여 차기 노조위원장을 추천하면 노조원들이 찬반투표로 결정했다. 군사정권의 오랜 노조 탄압에 맞서 노조의 방향성을 지키려는 고육책이었다.

노조 간부가 아닌 내가 전임위원장들의 추천으로 후보로 나선 것은 의외의 사건이었다. 그런데도 2001년 노조원 투표에서 90%가 넘는 지지를 받아 위원장이 되었다. 내게 노조위원장을 맡아 달라는 이유는, 과격하지 않고 부드러우나 꺾이지 않는 내가 적격이라고 판단했다고 한다. 노조위원장 2년의 임기 동안 MBC 내의 비정규직 차별철폐를 위해 부단히 싸웠다.

1998년 제정된 '파견노동자보호 등에 관한 법률'에 의하면, 2년간 동일 직무를 수행하면 정규직으로 전환하도록 되어 있었다. MBC 사측은 비정규직 직원들을 정규직으로 전환하지 않았다. 나는 이를 문제 삼고 정규직화를 추진하였다.

요즘도 그렇지만 당시 사회분위기는 더욱 부정적 기류였다. 전경련을 비롯한 경제5단체와 한나라당은 앞장서서 법을 무력화하고 있었다. 법적 뒷받침을 받을 수 없다고 판단한 나는 방향을 수정했다. MBC 내 비정규직 노동자들을 정규직으로 전환시킬 수는 없지만, 정규직들도 함께 고통을 분담해야 하지 않겠냐고 판단했다. 나는 정규직 직원들과의 대화를 통해 고통 분담을 호소했다. 그들은 기꺼이 고통분담에 동참했다. 정규직 임금을 동결하는 대신 비정규직 임금을 2년 연속 25% 포인트씩 올렸다. 그 결과 정규직과의 임금 격차를 상당히 좁혔다.

노조위원장을 하면서 어려운 고비 때마다 조합원총회를 열었다. 조합원총회에 참석한 거의 모든 구성원들은 '정의'와 '양심'과 '신념'에 따라 행동하자는 주장에 대부분 동의했다. 위계질서를 뛰어넘어 서로를 비판하고 자기반성을 요구하는 총회장이 되었고, '할 말은 하고 바른 말은 인정하고 받아들이는' 공론장이 되었다.

정치에 입문한 후에도 마찬가지였다. 양심대로 행하면 정의롭고, 정의의 편에 서면 공정함을 유지할 수 있다는 신념이 그것이다. 정치를 하면서 내가 견지할 진보의 이념은 무엇인가를 항상 고민한다. 2013년 이마트 노동자들에 대한 기업의 탄압에 맞서 싸운 것도, 1만2천명의 비정규직 노동자들을 전원 정규직화 하는데 앞장선 것도 정의와 공정의 실현이었다.

2008년 18대 총선에서 근소한 차이로 낙선했다. 누구보다 지역 발전을 위해 열심히 노력했는데, 지역주민들이 나를 버린 것이 아닌가, 처음에는 서운하기도 했다. 호칭도 '노 의원'에서 '노웅래 씨'로 바뀌었다. 지역을 돌아다니기가 난망했다.

그 때 선택한 것이 중국 유학길이었다. 그곳에서 공부하면서 중국의 변화를 지켜보았다. 변화는 무서웠다. 남북이 분단된 상황에서 대륙의 끝자락에 위치한 대한민국으로서는 21세기에 세계를 주도하는 데는 한계가 느껴졌다. 우리가 대륙으로 진출하지 못하면 안 되겠구나 싶었다. 그리고 대륙으로 진출하는 방법에 대해 깊은 고민의 시간을 보냈다.

나의 결론은 통일은 지상과제이지만, 지금 더 중요한 것은 남북한이 화해의 길을 함께 걸어야 한다는 것이었다. 남북한이 화해하고 자유로운 왕래가 가능하게 되면 우리는 대륙으로 바로 진출할 수 있고 한반도는 동북아지역의 해양 전초기지로서 역할이 가능하다는 판단을 하게 되었다. 이 책의 뒷부분에 당시 내가 꿈꾼 한반도의 평화를 담았다.

양극화 해소는 국회의 책무

요즘 국회 신뢰도는 최하위이다. 국민들은 국회 무용론까지 언급한다. 대의민주주의의 위기요, 의회정치의 위기요, 정당의 위기다. 지역주의 정당과 승자독식의 제왕적 대통령제의 폐단이 만들어 놓은 결과이다. 현행 정치제도와 정당 구도를 그대로 두고 의회정치를 복원한다는 것은 정치적 수사에 불과하다. 의회정치 복원의 길이 멀고 험하다

할지라도 대한민국 미래를 위해 가야하는 길이다. 짧은 민주주의 역사에도 우리나라는 형식적 민주주의를 완벽하게 갖췄다. 이는 깨어 있는 시민들이 있었기 때문에 가능했다. 그들과 함께 개혁을 추진한다면 희망찬 대한민국 미래를 열 수 있다고 믿는다.

통제가 없는 '자유경쟁시장'에선 항상 강하고 능력 있는 경제 주체가 그 힘과 능력을 한껏 발휘하여 원하는 것들을 마음껏 차지한다. 결국 시장에는 약육강식과 승자독식의 현상만 존재한다. 군사독재정권은 오랜 기간 불법자금을 수수하면서 특정기업들에게 특혜와 특권을 몰아주었다. 오늘날 우리가 겪고 있는 사회·경제 불평등은 이러한 모순들이 집적된 결과이다.

이러한 모순을 해결하는 방법이 민주주의적 통치 체계이다. 본래 대의민주주의의 다수결주의는 부와 능력을 갖춘 소수 권력에 의해서가 아니라, 대다수 국민의 여론에 기초한 민주주의 제도이다. 소수의 권력자가 아니라 다수인 일반시민들의 선호와 이익이 존중되고 보호되도록 작동하는 정치체제가 제대로 된 대의민주주의이다.

다수결의 원칙에 따라 의사결정이 이루어지는 대의민주주의 체제에서는 대다수의 사회구성원인 사회경제적 약자들의 바람과 요구에 부합하는, 즉 강자들로부터 사회경제적 약자들을 보호하는 정책 및 제도 마련이 가능하다. 이런 이유로 국민 다수의 의사가 정치 및 정책결정과정에 제대로 투입되고 산출되는, 대의제 민주체제에서는 빈부격차와 양극화 문제 해결이 가능하다.

불행하게도 우리나라엔 아직 이러한 대의민주체제가 제대로 작동하지 못하고 있다. 부의 편중과 양극화가 심한 우리나라의 현 사회경제적 상황을 보면 '집합적 결정은 다수 혹은 최대다수의 선호에 따른다'는 대의민주주의 기본 원칙, 즉 다수결의 원칙이 관철되지 못하고 있음을 여실히 보여준다.

이것은 우리나라 대의민주주의는 실질적 민주주의뿐만 아니라 절차적 민주주의도 아직 발전하지 못했다는 의미이다. 절차적 민주주의만이라도 제대로 이루어졌더라도 우리 사회의 압도적 다수를 구성하는 사회경제적 약자들의 이익이 극소수에 불과한 강자들의 이익에 번번이 압도당하는, 그리하여 불공정과 불평등이 심화·확대되는 상황이 이렇게 오랫동안 지속될 수는 없었을 것이다. 이는 '87년 헌법체제'의 절차적 민주주의가 실질적 민주주의 성숙에 별 도움이 되지 않았다는 반증이다.

우리나라의 민주주의가 실질적 민주주의로 발전하기 위해서는 사회경제적 불평등 문제를 해소할 수 있는 '유능한 절차적 민주주의' 수립이 필요로 한다. 유능한 절차적 민주주의 핵심은 주요 사회경제 집단들 모두에게 정치적 대표성을 두루 제공하여 국가정책결정과정에 사회경제적 약자들을 포함한 모든 시민들이 '누구나 동등하고 효과적으로' 참여할 수 있는 절차와 제도 마련이다.

공감정치만이 '공감경제'와 '공감성장'을 가능하게 한다. 그래야 공동체 복지사회, 포용사회로 발전할 수 있다. 이것이 국회가 가야 할 대다수 국민을 행복하게 하는 민생정치이다.

2

국민이 선도한
공정성 담론

시대적 담론, '공정'

오늘날 국민들이 원하는 나라는 '정당한 나라', '정의로운 나라', '공정한 나라'이다. 형식적 민주주의에서 한 발 더 나아간 것이다.

우리 사회에서 '공정'이 핵심 이슈가 된 것은 최근의 일이다. 1997년 외환위기를 겪으면서 어쩔 수 없이 세계통화기금, 곧 IMF가 강요하는 각종 조치들을 받아들였다. 노동자들은 하루아침에 직장에서 쫓겨났다. 기업들은 그 자리를 비정규직 노동자들로 채웠다. 1998년에 제정된 '파견노동자보호 등에 관한 법률'은 비정규직을 양산하는 신호탄이었다.

국민들은 자발적으로 '금 모으기 운동'을 했고, 기업들의 일방적 구조조정에도 크게 반발하지 못했다. '나라를 살리는 것'이 우선이었기 때문이었다. 외환위기에서 벗어났지만 빈부격차는 고착화되었다. 세대 간 소득 격차는 치유가 불가능한 상태가 되었다. 청년들은 좌절했고 분노했다. '이태백', '사오정', '헬조선'을 외치던 젊은이들은 '이게 나라냐?'며 아우성치기 시작했다.

이명박 대통령은 모든 책임을 과거 정권에 돌렸다. '잃어버린 10년'이라며, 좌절한 젊은이들에게는 '공정사회' 담론을 제기했다. 그의 '공정사회' 담론은 내실이 없었다. 대통령이 지명한 국무총리와 장관 인사 청문회에 나선 후보들은 부정의하고 불공정한 특혜로 가득 찬 인생들이었다. 그들은 결국 세상의 조소거리가 되었다.

공정성은 우리 사회가 성숙해지고 있다는 신호이다. 문재인 대통령은 취임사에서 "기회는 평등하고, 과정은 공정하며, 결과는 정의로울 것입니다."라고 선언했다. 국민들은 크게 감동했다. 적폐청산을 기치로 내건 문재인 정부는 사회에 만연한 부정의와 불공정들과 싸우기 시작했다.

공정에 대한 기대는 시민운동으로 나타났다. 양성평등은 성차별과 역차별 논쟁을 넘어 '미투(Me too)운동'으로 이어졌다. 평창 동계올림픽 여자아이스하키 남북단일팀 구성에도 공정성 문제가 부각되었다. 통일의 대의가 중요하더라도 선수 선발에 있어 선수 개개인의 권리를 침해하는 것은 공정하지 않다는 절차공정성이 제기되었다. 국가적 대의를 앞세운 명분으로 개인 희생을 강요하던 권위주의 시대의 불공정은 더 이상 용인되지 않았다.

이제 공정성 담론은 방향을 가리지 않는다. 불공정이 있으면 촛불은 거세게 타오른다. 국민은 대상이 무엇이든, 어떤 형태이든 모든 불공정에 결연히 일어나 분노하고 해결을 요구하는 자신감과 능력을 갖췄다. 진보 진영이라 해도 예외가 아니다. 2019년 8월부터 시작해서 가을을 뜨겁게 달군 조국 전 법무부 장관 딸의 불공정 특혜 시비도 이런 관점에서 볼 수 있다.

국민은 불공정에 분노한다

우리나라는 다른 나라들이 거의 경험하지 못한 시민혁명을 통해 민주주의를 발전시킨 나라이다. 우리나라 시민혁명에는 공정과 정의의 동력이 작동했다. 동학혁명, 3·1운동, 광주학생운동, 4·19혁명, 5·18 광주민주화운동, 87년6월항쟁, 박근혜대통령탄핵촛불혁명이 그것이다. 반외세반봉건으로 봉기한 동학혁명은 미완으로 끝났지만, 국가의 주인이 국민임을 최초로 인식한 계기였다. 3·1운동과 광주학생운동 역시 식민통치에 저항한 시민혁명이요, 4·19혁명과 5·18광주민주화운동은 독재 권력의 부정의에 저항한 시민혁명이었다.

2016년의 촛불혁명도 특권층의 불공정에 대한 시민혁명이며, 결국 대통령을 탄핵했다. 대통령 중심제 국가에서 국민이 현직 대통령을 탄핵시킨 사건은 유례가 없는 일이다.

당시 여당인 새누리당 의원은 128명이었다. 대통령 탄핵 의결 정족수는 3분의 2인 200명 이상이 찬성해야 했다. 야3당 의원 165명과 무소속 의원 7명으로는 대통령을 탄핵시키는 것은 불가능했다. 그러나 광화문과 전국 곳곳에서 타오른 촛불은 여당인 새누리당을 분열시켰고, 투표 결과 234명의 압도적 찬성으로 탄핵이 가결되었다. 우리 국민들은 부정의와 불공정에 분노할 줄 아는 깨어있는 국민이 되었고, 탄핵 성공을 통해 주인의식이 충만했다. 이것이 적폐를 분쇄하고 나라를 발전시킬 원동력이다.

공평하고 올바르다는 의미의 공정성 개념에는 '이론적 맥락'과 함께 '실천적 맥락'이 있다. 이론적 맥락에서 볼 때 공정은 분배공정성과 절차공정성으로 나눌 수 있는데 정의와 동의어로 본다. 실천적 맥락에서 공정은 불평등한 상태를 개선하려는 행동으로서의 공정을 의미한다. 이제 국민들은 부정의와 불공정이 있는 곳이라면 어디에서든 촛불을 들 준비가 되어 있다. 그런데 실천적 행동을 야기하는 불공정에 대한 국민의 분노는 사회적 맥락과 밀접한 관련을 맺고 있고, 시대적 사명에 따라 변화된다. 그래서 앞으로 이 땅의 모든 개혁은 이 나라의 주인임을 알고 깨어 있는 이들, 국민과 함께 해야 성공할 수 있다.

시민혁명 마무리는 국회 책임이다

성공한 시민의 힘은 다시는 어떤 불의한 힘에도 굴복하지 않는다. 김대중 전 대통령은 퇴임 후에 진행한 전남대학교 강연에서 우크라이나 유학생의 질문을 받았다.

"우크라이나도 한국처럼 민주주의를 이룩하려면 어떻게 해야 하나요?"

김대중 전 대통령은 미국 3대 토마스 제퍼슨 대통령의 말을 인용해 답변했다.

"민주주의는 피의 대가를 먹고 자란다고 합니다."

"우크라이나 시민 지도자들이 스스로 민주주의를 위해 일어나 희생할 때, 다른 나라 사람들도 도와줄 것이다. 그렇게 해야 민주주의를 이룩할 수 있다"고 말한 후 "우리나라는 그러한 피의 대가로 지금의 민주주의를 이룩했으며, 이제는 어떤 군대도 우리나라 민주주의를 짓밟지는 못할 것"이라고 단언했다. 이 땅의 민주주의를 완성시킨 시민혁명들이 값진 것들이었음을 한 번 더 천명한 것이었다.

국가권력의 불의와 부당함에 맞서 일어난 시민의 분노와 봉기는 시민들의 항거·저항으로 끝나지 않는다. 4·19혁명은 이승만 대통령의 하야로, 박근혜대통령탄핵촛불혁명은 대통령 탄핵을 통한 문재인정부의 출범으로 끝났다. 승리 뒤에는 정치적 합의가 있었다. 시민혁명은 사회 내에서 공정성 개념에 대한 합의가 이루어져야 마무리된다.

조국 전 법무부장관을 둘러싼 갈등은 조금 성격이 다르다. 서초동에 모인 시민들은 검찰의 불공정성에 대해 분노했다. 반면에 광화문에 모인 시민들은 조국 가족의 '특권'이라고 생각되는 문제에 분노했다. 양쪽 모두 '공정성'을 문제 삼고 있는 것이다. 이에 대해 혹자는 정파적 이해관계에 따른 이념적 대립의 양상이라고 폄훼하고, 한 편은 다른 편을 공격하고 비난한다. 사회는 혼란스러운 것처럼 보인다. 그러나 이것이

민주주의다. 민주주의에서는 국민들 사이의 갈라진 정치적 의사로 인한 혼란을 민주적 절차를 통해 규정하고 재규정하면서 공정성 개념을 합의해 가는 과정이 중요하다.

그렇다면 합의는 어떻게 이루어질까. 대의민주주의 체제에서는 국회가 사회적 합의를 담당한다. 국민들 간의 정치적 의사를 통합하는 역할을 국회가 담당해야 한다는 의미이다. 이것이 국회가 존재하는 이유이다. 공정성에 대한 합의가 있어야 사회 갈등이 해소될 수 있는데, 국민들 간의 정치적 의사를 협의하고 조정하고 합의하는 과정이 국회의 역할이기 때문이다.

국회는 사회 내 갈등을 야기하는 공정성 시비에 대한 담론 형성을 게을리 하면 안 된다. 국회는 모든 분야와 모든 대상을 평가하는 공정성 가치, 기준, 규범에 대해 합의하고 법제화하는 것을 본연의 임무로 하는 국가기관이다. 국회의 공정성 담론은 공정성 시비의 본질적 문제에 천착하여 서로가 용인할 수 있는 기준과 규범을 세우는 것이어야 한다. 국회가 정치 영역에서 공정성 기준을 해결해야 하는 이유는 정의의 문제이다. 다양한 사회집단 간에 자신들의 이해관계와 가치를 관철시키려고 정치 차원에서 최종 결정되기 때문이다.

각자의 입장이나 생각에 따라 공정성 개념이 다른 것이 현실이다. 여야가 첨예하게 대립된 국회에서 공정의 가치, 기준, 규범을 공유하고 합의하기는 쉽지 않다. 그럴더라도 불공정과 갈등의 씨앗이 되는 입장의 차이에 대해 국회가 허심탄회하게 논의하고 합의하여 보편적 공정성 개념을 확보하는 것은 국회의 중요한 과제이다.

국민의 정치 의사가 올바로 반영된 경우에만 공정성 기준과 규칙들은 비로소 정당성을 인정받는다. 이 경우에도 진영 논리에 따라 달라질 수 있다. 진보 진영은 모든 시민이 기본적으로 평등하고 특히 민주주의적 평등이 보장되어야 하므로, 공정의 기준 역시 평등을 중시하여 결정되어야 한다고 강조한다. 반면 보수 진영은 사회적 생산에 기여한 사람과 그렇지 못한 사람 간 보상의 격차가 충분히 커야만 사회적 효율성이 보장된다고 주장한다.

이러한 차이를 인정한 정치적 영역에서의 다툼에는 한계가 있다. 제주4·3사건 추념식에서 문재인 대통령이 '정의를 두고 정의로운 진보와 정의로운 보수가 경쟁하는 나라'를 강조했던 점을 기억한다. 정치영역에서 치열한 다툼을 통해 공정의 올바른 가치와 기준을 정하자는 제안이라고 생각한다.

이를 위해서 '무엇이 공정한가?'에 대한 물음을 계속해야 한다. 더 나아가 끊임없이 사회 내 불공정성을 문제 삼고 따지면서도 정치가 세워야 할 민주주의적 정의의 차원을 잊지 말아야 한다. 그럴 때에만 우리는 정의의 함정에 빠지지 않는다. 이러한 정치적 논의는 국회에서만 이루어지는 것이 아니라 시민의 영역에서도 함께 이루어져야 한다.

우리가 추구하는 공정가치

서초동에 모인 시민들은 '검찰 개혁'을 주장했다. 광화문에 모인 시민들은 '조국 구속'을 외쳤다. 그들은 자신들의 주장이 정의롭고 공정하다고 믿었다. 상대방에 대해서는 정의롭지도 공정하지도 않다고 비난했다. 이렇게 각자의 공정성이 다른 것은 자유주의, 공리주의, 공동체주의 등 자신의 가치관으로 대상을 보기 때문이다.

공정의 핵심 가치는 정의, 형평, 공평, 법치, 기회균등, 연대적 공존과 경쟁 과정의 투명성과 형평성, 경쟁 결과의 격차에 대한 인정 등이다. 공정성 개념이 이처럼 다의적이고 다양한 하위 개념들로 구성되어 있기 때문에 사람들은 자신이 중요하게 생각하는 개념에 따라 어떤 것은 공정하다고 생각하고, 어떤 것은 불공정하다고 생각한다.

공정사회로 가기 위해서는 먼저 공정성 기준에 관련한 사회적 합의가 필요하다. 그런데 고도로 추상적인 공정의 개념과 자유주의, 공리주의, 공동체주의가 가진 사상적 차이 때문에 원활한 합의에 도달하기란 매우 어렵다. 이들 3가지 입장이 경제·사회발전의 원동력으로서 작용했지만, 성장이 멈춘 요즘은 사회 혼란을 가중시키는 요인이 되고 있다.

공동체주의자 입장에서 공정은 정의이고, 정의는 곧 복지여야 한다. 헌법 제10조 '모든 국민은 인간으로서의 존엄과 가치'를 가지므로, 최소한의 인간다운 삶을 영위할 수 있는 공동체복지사회만이 정의롭고 공정한 사회다. 그래서 우리사회가 추구하는 공정과 정의의 목적은 법 앞에 평등을 넘어선다. 경쟁이 최고 가치인 자유 시장에서도 기회의 불공정은 물론, 절차와 분배의 불공정 행위도 금지하고 규제하여야 한다.

그래야 경쟁에서 낙오한 패자나 경쟁 기회마저 갖지 못한 약자들도 사회 구성원으로서 소속감을 가질 수 있다. 그것이 최소한의 행복추구에 필요한 소득과 부가 보장되는 실질적 평등이 보장되는 공정사회를 만드는 것이다.

자유주의 입장은 자유로운 이익추구를 정당화한다. 그래서 이들은 국가 역할을 최소화하고 국가에 대한 개인의 책임보다는 권리를 강조한다. 이들은 시장경쟁 원리를 최고의 가치로 여기며, 경쟁에서 패한 사람들에 대한 배려는 약하다.

공리주의적 입장은 국가 전체 이익을 위해서는 개인의 희생을 정당화시킨다. 박정희정권 등 개발독재자들은 공리주의 입장을 차용해서, 경제개발을 위해 개인의 권리를 침해하는 것은 부득이한 일이었다고 주장했다. 그러면서 이들은 경제개발 시기에 개인 권리가 일정부분 침해되었지만, 경제발전으로 많은 국민들이 수혜를 받지 않았느냐고 반문한다.

오랜 역사 속에서 공동체적 전통을 간직한 우리 사회는 자유주의나 공리주의와 대립되지 않고 상호보완적일 수 있다는 것이 나의 생각이다. 우리가 추구하는 도덕적 가치, 우리 삶의 의미와 중요성, 우리가 공유하고 있는 삶의 공통적인 특성과 성격을 정의 영역 밖에 놓아서는 안된다는 의미다. 정의롭고 공정한 사회는 단순히 공리의 극대화나 선택의 자유를 획득하는 것만으로 성취될 수는 없다. 정의롭고 공정한 사회를 위해서 좋은 삶의 의미를 공유하고 불가피하게 발생하는 의견의 불일치에 대해서는 관용하는 공동체 문화를 만들어야 한다. 이를 위해서는 사회적 유대와 단결을 중시하는 시민들이 공동선(共同善)에 대한 인식과 책임감을 갖도록 서로 자극하는 공적 토론이 절대적으로 필요하다.

절차와 결과까지 공정해야

공정성의 개념을 합의하기 위한 또 하나의 방법은 출신성분이나 사회적 배경에 대한 판단을 유보하고, 공정을 '절차적', '분배적' 그리고 '사후적'으로 평가하는 것이다. 미국의 유명한 정치철학자 존 롤스(John Rawls)의 사회계약론적 방법론을 채택하는 것이다. 그는 '가장 합리적인 원리는 모든 사람이 공정한 지위에서 수용하고 동의하는 것이다'라는 것을 전제로 공정성의 문제에 접근했다.

인간이 세상에 나오기 전에 사는 사회가 있다고 전제해보자. 그는 어느 나라, 어느 가정에 태어나 인간으로서의 삶을 살지 모른다. 부모의 사회경제적 지위가 매우 높은 집에서 태어날 수도 있지만, 불가촉천민(不可觸賤民)으로 태어날 수도 있다. 태어날 아이들은 전자의 집에서 태어나기를 기대하지만 후자의 집안 자식이 될 가능성에 대한 걱정도 있다. 그렇다면 본인이 태어났을 때 '최소한 이것'은 보장되어야 한다는 합의를 할 수 있지 않을까?

롤스는 '원초적 입장에 있는 상호 무관심한 합리적 당사자들은 원칙을 선택하는 데 있어 가능한 한 최선을 다해 자신의 이익을 증진시키려고 노력할 것이며, 좀 더 많은 사회적 가치를 선택할 것이다'라고 가정했다. 모든 사람들이 이러한 원초적 입장에서 동등하게 부여받는 것에 대한 합의에서 출발하여 사회 정의의 원리를 결정하자는 것이다. 이러한 원초적 입장에서 공정의 문제를 절차적, 분배적, 사후적으로 평가하면 우리가 공정과 정의에 대해 합의에 이를 수 있는 여지가 많아지지 않을까 생각한다.

절차의 공정은 특정 사안의 해결 과정이 형식적 측면에서 정의로워야 한다는 것이다. 예를 들면, 국방의무를 부과하기 위한 징병신체검사 과정, 대학 입시 기준과 입시 과정, 행정부처의 정책 결정과정과 집행과정, 검찰의 수사과정과 사법기관의 재판과정, 국회에서의 입법과정까지 모든 결정과 집행과정이 출신성분이나 사회적 배경에 구애되지 않아야 한다. 국가는 이재용 삼성전자 부회장과 서울역에서 노숙하는 사람에 대해 동등한 잣대와 가치를 부여해야 한다.

분배의 공정은 교환관계에서 본인의 노력에 따른 보상을 받았을 때 느끼는 공정성을 말한다. 실질적으로 분배가 공정하게 이루어졌는가 하는 결과의 공정성이다. 국방의 의무라면, 출신과 집안 배경의 고려 없이 개인이 책임져야 할 의무를 부과하는 것이고, 조세라면 각자가 마땅히 부담해야 할 세금이 부과되어야 하는 것이다. 노동이라면 출신성분과 조건의 제약 없이 동일하게 원칙이 지켜져야 한다. 교육도 마찬가지다. 균등한 교육의 기회가 주어져야 한다. 기회가 공정했다면 결과를 인정하는데 훨씬 수월하다. 분배의 공정에서는 무엇보다 균등한 기회가 주어지는 것이 중요하다.

사후적 공정은 결정 후에 이뤄지는 정책적 대응을 말한다. 우리 사회는 그동안 국가 정책의 사각지대를 돌아보지 않는 경향이 강했다. 경쟁에서 낙오한 사람들을 돌보지 않았고, 소외계층에 대한 배려에도 야박했다.

가족 공동체의 속성이 강한 우리 사회에서는 분배의 공정보다는 절차의 공정을 보다 중요하게 여긴다. 병역비리, 입시비리, 사법비리 등에서 드러난 특권과 반칙은 절차의 공정성을 훼손하는 전형적인 사례이다. 서민에게 적용하는 잣대와 사회지도층과 재벌에게 적용하는 것이 다른 불공정에 시민들이 분노했고, 촛불을 들고 거리를 메웠던 것이다.

공정사회로 가는 길

공정은 절차와 결과 모두에 관련되어 있지만, 결과보다는 우선 절차에 주목해야 한다. '공정으로서 정의'를 주장한 존 롤스도 정의로운 분배는 결과가 아니라 절차라며, 절차공정성을 통한 정의의 원칙을 도출했다. 사람마다 공정성 개념에 대한 생각이 다르다. 공정성의 기준과 규범을 설정하기 위해서는 최소한의 사회적 합의가 필요하다. 그렇지 않으면 공정성에 대해 각자의 생각대로 행동하면서 혼란만 가중된다.

국회가 공정성 기준에 합의한다는 것은 거의 불가능에 가까워보인다. 최저임금 정책, 사법개혁, 지소미아 중단, 선거제도 개혁 등 모든 사안을 두고 여야의 극단적 대립만을 계속하는 국회에서 과연 합의를 통해 공정성 기준과 규범을 정할 수 있을까 의문이다.

정부의 최저임금 1만원 인상문제를 보자. 만약 정부가 시행에 앞서 여야 간의 논쟁과 갈등을 겪더라도 공론의 장을 마련했으면 하는 아쉬움은 남는다. 대통령공약 사항이므로 무조건 시행해야 한다고 주장하면, 국회는 설자리가 없어진다.

국회에서 최저임금을 인상시켜야 하는 사회적 필요성에 대해 논의하고 시행과정에서 생길 수 있는 문제점들을 점검하고 보완하였다면 보다 많은 국민적 지지를 받을 수 있지 않았을까 싶다. 보수야당의 반대가 강력했겠지만, 숙의과정에서 대부분의 국민들은 최저임금 인상 필요성에 동의했을 것이다. 그리고 이것이 최저임금 인상의 강력한 동력이 되었을 것이라고 생각했다.

나는 공정성 원칙에서 중요한 것은 절차적 과정이라고 생각한다. 공정한 절차를 통해 어떤 원칙에 도달했다면, 더 큰 정당성을 획득하고 더 큰 국민의 공감을 받았을 것이다. 설혹 일부 야당이 반대하더라도 국민들과 함께 해결할 수 있으리라 확신한다.

영역별 공정성 담론

1. 공정한 교육 기회

우리 사회에서 교육공정성 논의는 낯설지 않은 주제이다. 박근혜 대통령 탄핵 촛불혁명의 출발도, 조국 전 법무부장관을 둘러싼 국민의 좌절도, 숙명여고 쌍둥이 자매의 시험부정 논란도 모두 대학 진학을 둘러싼 입시제도가 중요한 원인 중의 하나였다.

대학 입시에서 기회의 균등 문제는 양날의 칼이다. 누구든 실력이 있으면 명문대학교에 입학할 수 있다. 그렇지만 부모의 사회적, 경제적 능력이 자녀 교육에 매우 큰 영향을 미치는 것이 현실이다. 관련 연구 결과들에서도 명백히 드러난 부분이다. 그런데도 대학입시에 동일한 기회가 있다는 이유로, 차이를 무시하는 것 역시 공정하지 않다.

교육은 국가발전의 원동력

'메리토크라시'(Meritocracy, 실력주의사회)는 능력자 지배체제이다. 달리 말하면, '일등이 다 먹는' 승자독식의 비정한 사회이다. 일등이 되면 얼마만큼의 경제적 혜택과 특혜를 줄 것인가. 그것도 결국 일등이 정한다. 그것이 공정한 것인가.

프랑스 역시 메리토크라시의 대표적 나라 중 하나이다. 학벌에 따른 사회적 불평등에 대해 불평하지 않는다. 성별, 인종, 출신지역을 떠나 우수한 능력을 갖춘 자가 우대받는 것을 자연스럽게 받아들인다. 고등학교를 졸업했는가, 대학을 졸업했는가, 엘리트 고등교육기관인 그랑제콜을 나왔느냐에 따라 사회적 지위가 달라진다. 정치인과 고위공직자, 주요 기업 임원들은 대부분 그랑제콜에서 엘리트 과정을 밟았다. 그렇지만 여기에는 근본 차이가 있다. 프랑스는 유치원부터 대학교육과정까지 학비가 거의 없다. 또한 사회보장 수준이 뒷받침되어 있어서 부모의 경제능력이 자녀교육에 직접적 장애가 되지 않는다.

한 국가의 사회·경제발전의 전제는 국민 개개인이 타고난 능력을 개발하는 교육시스템이 갖춰져 있다는 것이다. 우리나라는 제2차 세계대전 이후 독립한 신생국가들 중에서 가장 짧은 시간에 경제개발에 성공해 선진국 대열에 섰다. 또한 사회적으로도 세계가 부러워할 만큼 시민의 힘으로 민주주의를 완성한 국가다.

우리나라 국가발전의 원동력은 교육이었다. 우리 부모세대는 자신은 못 배워 고생하며 산다고 자책하면서 문전옥답도 아깝게 생각 않고 자식 교육에 힘썼다. 그 교육열이 우리나라 국가발전의 기틀이 되었다. 개발시기의 교육환경은 요즘에 비해 많이 열악했지만, 출신성분 차별은 심하지 않았다. 등록금을 낼 수 있어 학교만 다닐 수만 있으면 어떤 가정환경의 자녀든지 자신들의 능력을 개발하는 데 그다지 장애 요소는 없었다. 물론 당시에도 금수저들은 사교육 받으며 좋은 학교에 진학했다.

그래도 교육은 계층 이동 사다리로서 충분한 역할을 했다. 대학 교육만 받으면 보다 나은 삶이 약속되었다. 자기를 희생하여 자녀들을 교육시킨 부모들은 만족했다. 그런데 교육 사다리가 무너졌다. '흙수저' 출신 청년들은 "거의 유일한 탈출구였던 교육사다리가 불공정한 대학 입시로 막혀버렸다"고 좌절했다. 좋은 집안에서 태어나야 좋은 고등학교에 입학할 수 있는 나라, 좋은 집안에서 태어나 스펙을 쌓아야 그들만의 쉬운 경쟁을 통해 좋은 대학에 들어갈 수 있는 나라, 좋은 고등학교를 나와야 의사도 되고 변호사도 될 수 있는 나라, 좋은 대학을 나와야 대기업에도 입사할 수 있는 나라, 대학원마저도 좋은 집안의 뒷받침이 있어야 스펙을 쌓아 의학전문대학원이나 법학전문대학원에 진학할 수 있는 나라, 이것이 젊은이들의 표현으로는 '헬조선'이다.

학비와 생활비를 벌어야만 하는 가난한 집 아이들은 대학에 진학해도 값싼 아르바이트에 목을 매야 한다. 그들은 대학 졸업과 동시에 상환을 시작하는 학자금 대출 부채를 등에 지고 사회생활을 시작한다. 취직이 되면 다행이지만, 그렇지 못한 젊은이들은 사회생활을 시작하기도 전에 신용불량자의 딱지부터 얻고 황량한 시베리아 벌판의 풍파와 맞서야 한다.

형식적 절차공정성을 확보하면 정당할 것이라고 판단했던 입시제도들과 대학 서열화가 교육 불공정을 야기했다. 결국 실력우선주의사회의 필연적 결과인 대학서열화 때문에 단순히 입시제도 방식을 수정하는 것만으로는 해결하기 어렵다. 어느 대학의 경우 지방캠퍼스와 서울캠퍼스의 졸업장을 구분 없이 주겠다는 대학 정책에 반발하여 총장실을 점거하는 일도 있었다. 이는 동일 대학교라 하더라도 입학 성적에 따라 캠퍼스별로 서열화해야 한다는 주장이다.

사회 변화가 없다면 대학입시 제도를 어떻게 바꾸든 상위권 대학에 입학하기 위한 입시 경쟁은 완화되지 않을 것이다. 대졸자와 비대졸자, 명문대 졸업자와 비수도권 지방대 이른바 '지잡대' 졸업자 사이의 보상 격차, 대기업과 중소기업 노동자들간 임금 격차, 지식노동과 육체노동 사이의 보상 격차, 이런 사회적 격차들이 없어져야만 우리 교육은 대학입시에 휘둘리지 않게 될 것이다.

능력 개발을 위한 교육시스템 갖춰야

우리 국민들은 대학입시 제도에 민감하다. 대학졸업장이 안락한 삶을 보장하는 유일한 길이라고 믿기 때문이다. 자녀를 좋은 대학에 입학시키기 위한 부모들의 경쟁은 치열하다.

입시경쟁 과열화는 두 가지 차원에서 교육 공정성을 무너뜨리는 원인이 된다. 하나는 사교육이고, 다른 하나는 입시제도이다. 이명박 정부에서 입시제도가 사교육 시장과 연계되면서 상위 계층이 교육제도를 손쉽게 지배할 수 있게 되었다. 식민지체제, 분단과 전쟁을 겪으면서 소수의 신분제계급 독점이 붕괴되었다. 그 자리를 대신 한 것이 바로 '능력주의'였다. 기회균등에 따른 능력의 발휘, 노력하면 누구나 꿈을 이룰 수 있다는 희망, 똑똑하니까 높은 사회적, 경제적 보상을 받는다는 생각, 기회만 균등하게 주어지면, '능력과 노력에 따른 분배의 격차'는 정의롭다고 받아 들였다. 여기에서 메리토크라시가 싹텄다.

국민이 대학 입시제도에 온 신경을 곤두세우고 있는 것은 바람직한 사회현상이 아니다. 그렇지만 출신 대학교에 따라 인생이 결정되는 상황에서 입시제도는 중요한 문제가 아닐 수 없다. 중고등학생 자녀에게 부모들은 몇년만 고생해서 '좋은 대학에 들어가면 인생이 달라진다'고 공부를 독촉한다. 대학 서열화 체계 속에서 미래가 보장된 상위권 대학에 입학해야 하고, 상위권 대학에 입학하기 위해서는 치열하게 경쟁해야 한다. 그러니 스펙을 만들어 줄 수 있는 능력이 있는 부모라면 사회적 영향력을 이용한 편법과 특혜에 눈을 돌리지 않을 수 없는 상황 아닌가?

지난 정부들은 때로는 공교육 붕괴를 막는다는 명목으로, 때로는 공정한 입시 제도를 만들어야겠다는 명목으로, 때로는 국가 발전에 필요한 특화된 인재를 육성한다는 명목으로, 때로는 튼튼한 국방을 위해 우수한 장교를 뽑는다는 명목으로 입시 제도를 바꿔왔다. 그런데 그렇게 만들어진 제도들은 가진 자들을 위한 제도로 둔갑했다. 어떤 정책은 그들을 위한 제도로 만들어졌었고, 그렇지 않은 제도라 해도 그 허점을 파고든 이른바 입시 전문가인 컨설턴트들에 의해 교묘하게 변질되어 불공정한 제도의 오명을 쓰게 되었다.

대표적 사례가 이명박 정부에서 도입한 '학생부종합전형'이다. 학생부종합전형은 학생 개개인의 다양한 적성과 소질을 보고 우수한 학생을 선발하기 위해 고안된 입시전형 제도였다. 또 다른 목적은 수능시험 성적에 따라 학생들을 줄 세워 입학시킴으로써 대학 서열화를 부추기는 입시에서 벗어나자는 것이었다. 대신 학생들의 다양한 가능성을 보고 뽑자는 것이 요지였다.

수학능력시험은 수치화된 시험 성적이다. 학생부종합전형은 합격·

해마다 늘어나는 학생부 종합전형 (단위: %)

	2015년	2016년	2017년	2018년
학생부 교과	38.8	38.5	39.8	40.1
학생부 종합	16.1	18.9	20.5	23.7
논술 위주	4	4.2	4.2	3.7
실기 위주	8.5	8.6	8.5	
수능 위주	31.6	28.8	26.3	22.8
기타	1	1	0.7	1.1

＊자료: 한국대학교육협의회

불합격 기준이 공개되어 있지 않다. 미국이나 유럽 대학들은 학생부종합전형과 유사한 입시전형이 보편화돼 있다. 어느 대학도 객관화된 5지선다형 문제로 평가한 수학능력시험의 점수로만 학생들을 선발하지 않는다. 이런 의미에서 볼 때 미래 사회에 필요한 다양한 인재 육성을 위한다는 학생부종합전형 제도의 취지는 옳다.

그러나 금수저들을 위한 그들만의 리그로 활용하기 위한 '깜깜이 전형'이란 비판을 받고 있듯이, 학생부종합전형의 신뢰성과 공정성 문제가 해결되지 못하면 앞으로도 계속 문제를 일으킬 요인이다.

명문대학들이 특목고 졸업생들을 선발하기 위한 도구로 학생부종합전형을 활용하면서 공정성은 더욱 큰 문제가 되었다. 대학들은 특목고 학생들을 우선 선발하기 위해 전국의 고등학교들을 서열화, 점수화 해놓기도 한다. 일부 특권층이 학생부종합전형의 취지를 훼손함에 따라 갈수록 높은 스펙이 요구되었다. 고등학교 학생 수준에서 거의 불가능한 우수 논문집에 논문을 게재하기 위해 편법과 특혜를 총동원하는 진풍경이 벌어졌다.

이명박 정부시절 제도화된 특목고, 자율형사립고 정책에 맞춰 대학들은 우수한 학생들을 선발하기 위해 입시제도를 비틀었다. 선발기준은 대학의 자율성이라는 명목으로 비공개했다. 이것이 전형적인 깜깜이 전형이다. 기회는 균등하고 공정해야 할 입시 경쟁이 공정하지도 않았고, 앞으로도 더 공정해지리라는 믿음도 갖기 어렵다. 그 결과로 헬조선이 만들어졌다. 이것이 지난 정부들이 오랜 세월동안 행해온 교육

제도 개선정책이 낳은 역설이다.

교육 공정성 논의: 기초부터 튼튼해야

문재인 대통령은 취임사에서, "공정한 대통령이 되겠습니다"라고 천명했다. 불공정에 분노한 촛불로 세워진 '공정 아이콘'으로서 역사적 과제가 있다. 우리가 생각하는 공정은 특권과 반칙이 없고, 상식적인 경쟁이 가능한 공정이다. 교육이 나가야 할 방향도 마찬가지다. 특권과 반칙이 없고, 상식적 경쟁이 가능한 교육공정성 확보 방안을 어떻게 마련할 것인가이다.

결론부터 말하면 진정한 '공정 아이콘'으로 역사에 기록되기 위해서는 올바른 교육공정성을 세워야 한다. 상황에 대한 정확한 분석을 통해 대학입시의 불공정성이 야기되는 근본적 문제가 무엇인지를 먼저 파악하고, 어떤 계층의 사유물이 될 수 없는 공정한 입시 정책이 마련되어야 한다는 원칙을 세우고, 교육 공정성의 정확한 목표가 설정될 때 가능하다. 그리고 교육 불공정과 관련된 근본적 문제에 대한 분석부터 시작하는 폭넓은 논의를 통해 제대로 된 교육 공정성이 담보된 입시정책이 나와야 한다. 지난 정부들에서 입시제도 공정성 논의가 그토록 오랫동안 반복되었음에도 사회지도층의 특혜와 편법이 통하는 불공정을 막을 수 없는 이유는 앞선 정책들이 공정 개념과 불공정 원인에 대한 근본적 분석이 부족한 상황에서 땜질식으로 수립되었기 때문이다.

최근 들어 수학능력시험 절대평가와 학생부종합전형 평가제도나 수시전형과 정시전형 비중 이슈들이 공정한 경쟁절차와 관련하여 언급되고 있다. 공교육 정상화를 위해 도입된 대학입시 학생부종합전형이 부유층 자녀들을 위해 악용되어 불공정 사회를 만들고 있다며, 학생부종합전형 중심의 수시 전형을 축소하고 객관적인 점수 차이를 확인할 수 있게 하는 수학능력시험의 비중을 높여야 한다는 주장이 금수저들을 중심으로 제기되고 있다.

이들 논의도 역시 드러난 문제 중심의 땜질식 처방으로는 교육공정성을 확보하기 어렵다. 이들 안건에는 경제성장 결과의 분배 불공정으로 사회계층이 고착화되면서 사회지도층 자녀들이 불공정하게 특혜를 받고 있다는 사회적 비판이 내포되어 있다는 사실을 알아야 한다.

현재 청년 일각에서는 '금수저 전형'이 되어버린 로스쿨 제도나 의학전문대학원 제도를 폐지하자는 목소리도 높다. 그들의 주장처럼 사법시험제도 자체를 다시 부활시키기는 쉽지 않다. 사법시험 제도에 내재된 폐단들을 답습할 수는 없지만 현재와 같이 이른바 금수저들이 아니면 감히 꿈도 꾸기 쉽지 않은 현행 로스쿨이나 의학전문대학원이라면 보완책이 필요하다.

2. 조세 정의

국가가 존재하는 한 세금 징수는 불가피하다. 국가경제의 기초인 세금은 사회구성원 모두가 안전하고 인간으로서 존엄과 가치를 지키고 행복을 추구하는 공동체 사회를 만드는 국가의 안정적 토대이다. 그래서 세금 없는 국가는 존재할 수 없다.

20세기 초기까지만 해도 국가의 역할은 국방, 치안, 도로 등 공공재 서비스에 한정되어 있었다. 국가는 자유주의자들이 주장하는 국가의 최소 역할에 필요한 재원을 확보하는 차원에서 공공재 서비스에 대한 편익의 원칙에 따라 세금을 거둬들였다. 그래서 세금의 공정성 문제는 매우 한정적이었다.

그러나 1929년 세계경제 대공황을 겪으면서 국가의 역할이 중요해졌다. 이후 사회가 복잡해지고 사회계층화가 고착화되면서 경쟁에서 밀려난 사람들이나 배제된 사람들이 인간의 존엄과 가치를 지키고 행복을 추구할 수 있는 최소한의 조건도 갖추지 못하면서 형평성 문제가 등장했다. 결국 형평성 문제를 해결하기 위해 국가가 개입하지 않을 수 없는 영역이 생겨났다. 대표적인 영역이 복지 서비스다. 국가는 보육, 의료 등 서비스를 제공하기도 하고 기초 연금이나 기초생활보장급여처럼 현금을 지급해서 개인 소득을 보충해주기도 한다.

보육이나 의료는 시장에서도 거래 가능하다. 20세기 초까지만 해도 이들 영역은 개인들이 스스로 해결해야 하는 사적 영역이었다. 그러나 복지제도가 도입된 이후 국가의 영역이 넓어지기 시작했다.

현대 국가들이 복지국가를 지향하면서부터 자연스레 국가가 거둬들여야 하는 세금액도 점점 증가하고 있다. 복지국가를 지향하는 국민들은 조세 부담에 대한 필연성은 인정하고 있다. 그러나 누구나 세금을 기꺼이 내고자 하는 사람은 많지 않다. 기업들은 전문 세무사들을 고용하여 절세라는 이름으로, 세금을 가능한 줄이고자 한다. 조세 정의가 확립되지 않으면 조세 제도에 대해 국민들은 부과된 세금에 대해 수긍하지 않고, 조세 저항으로 이어진다. 그래서 조세 정의를 이룩하는 것이 중요하다.

국민 모두가 수긍하는 조세 정의를 이룩하는 첫걸음은 소득 있는 곳에 세금이 있어야 한다는 원리를 실천하는 것이다. 둘째, 탈세 범죄는 국가를 부정하는 중범죄이기에 그에 합당한 강력한 형사적 처벌이 이루어져야 한다. 셋째, 탈세에 대해서는 끝까지 추적·적발하여 징벌적 추징을 통해 탈세하면 기업은 망하고, 개인도 신세 망친다는 단순한 원리를 실현해야 한다. 우리나라에서는 휴대폰 요금 안내고는 못 살아도 세금 안내도 잘 산다는 비아냥거림이 있다. 이런 말이 없어지도록 조세 정의를 바로 세워야 한다. 넷째, 부의 불균형으로 인한 사회 위화감을 줄이기 위한 과세정책을 실현해야 한다.

유리지갑 근로자는 봉인가

우리나라 조세 정의의 문제점은 첫째 소득세를 내지 않는 소득자가 너무 많다. 유리지갑 근로소득자들만 '봉'이라는 불만이다. 우리나라 최저 세율은 6%이다. 그런데도 2016년에 전체 근로자의 43.6%는 소득이 있으나 세금은 한 푼도 내지 않았다.

국가의 복지정책 확대로 조세 부담 규모는 꾸준히 늘고 있다. 박근혜 정부는 부족한 세원을 마련하기 위해 비과세 혜택 대상자를 대폭 줄이고, 세금을 더 올리는 방법으로 5년 임기동안 18조원의 재원을 마련하겠다는 조세정책을 발표했다. 세액 특별공제 항목과 인적공제 항목에 대해 과표공제 방식을 세액공제 방식으로 바꾸고, 공제세액을 줄이기 위해 신용카드 공제를 대폭 축소시켰다. 이는 세율 인상 없이 징수하기 쉬운 근로소득자들로부터 더 많은 세금을 거둬들이기 위한 편법이었다.

조세 정의의 두 번째 문제는 탈세·탈루가 너무 많다는 것이다. 고소득자들이 탈세했다는 보도가 나오면 유리지갑 근로자들은 허탈해 한다. 우리나라에는 징벌적 추징 제도가 없다. 탈루·탈세를 했다가 발각되면 과태료 조금 더해 내면 된다. 고소득자들이 탈루·탈세를 밥 먹듯이 하는 이유다. 얼마 전에는 유명 연예인들이 탈세를 했다가 발각되었다. 국민들은 분노했다. 그는 대국민사과를 하고 얼마 지나지 않아 아무 일도 없었다는 듯이 슬그머니 방송에 얼굴을 또 내밀었다. 사실이 알려졌을 때 잠깐 분노하던 국민들은 언제 그랬느냐는 듯이 그들을 대한다. 다른 선진국에서는 상상도 못할 일이다.

일부 의사·변호사 등과 같이 고소득 전문직 종사자들이나 자산가들은 전문가 도움을 받아가며 과세 체계의 빈틈을 악용하여 지능적으로 탈세행위를 저지르다가 적발되는 경우가 있다. 2019년 10월에 국세청은 문재인 정부 출범 이후 2년간 고소득사업자 총 1,789명을 조사해 1조 3,678억 원의 세금을 추징했고, 91명에 대해서는 범칙금을 부과하는 처분을 했다.

성공한 유명인이나 고소득 사업자들이 고의적으로 탈세했다는 언론보도는 많은 국민들에게 박탈감을 안겨준다. 이들의 탈세는 대다수 성실납세자들의 납세의식에도 악영향을 미치면서 성실납세 의식 정착 기조에 큰 위협으로 작용한다. 엄격한 법적용의 필요성이 여기에 있다. 다행히 최근 일부 고소득 연예인들은 '세금 더 내기'를 홍보전략으로 쓴다고 한다. 영수증을 첨부해서 비용정산을 받을 수 있는 영역도 국세청 과표에 정해진 대로 모두 낸다고 한다. 대중의 인기로 사는 입장에서, 스캔들 가능성을 아예 차단하겠다는 것이다.

현재의 조세법 체계로는 탈루·탈세를 원천적으로 막기 힘들다. 현행조세법은 적발된 탈루세액에 낮은 부과 세율만 합쳐 추징하는 방식이다. 적발되지 않는 부분은 그대로 이익이니 세무회계 전문가를 고용한고액 소득자나 기업들의 경우, 기회비용을 따져 봐도 탈루하는 것이 이익인 셈이다.

미국에서 탈세란 절세를 위한 방안이 아니라 도둑질보다 더 나쁜 범죄로 인식된다. 우리나라가 조세범에게 솜방망이 처벌을 해 온 것은 경제개발시대의 정경유착의 유산이다. 경제발전을 하면서 기업들은 정권과 밀착되어 성장해 왔다. 이 결과 탈세에 대한 형사처벌도 미온적이었다. 탈루 세금에 대한 추징 역시 징벌적 추징이 이루어지는 나라에 비해 보잘 것 없는 수준에서 이루어졌다.

자본주의 사회에서 기업과 정권이 함께 성장을 꾀하고 경제력을 높이는 것은 당연하다. 그렇다 할지라도 우리나라는 다른 선진국에 비해 탈세문제를 너무 가볍게 다루어 왔다.

조세 정의 원칙: 편익원칙과 역량원칙

한 사회의 경제활동, 즉 재화와 서비스 배분을 관장하는 두 영역은 시장과 국가이다. 자본주의 국가에서 경제활동의 중심은 시장이고 국가는 시장이 할 수 없거나 할 수 있지만 형평성 가치문제가 제기되어 개입이 필요하다고 판단되는 경제활동만 수행한다. 시장이 배분하는 재화와 서비스는 사유재로서 소유해야만 혜택을 누릴 수 있지만, 국방과 같은 공공재 서비스는 국가가 제공한다.

시장 경제활동은 수요 공급에 따라 자발적 합의(자발성 원칙)로 가격이 결정되고 '낸 만큼 가져간다'는 교환성 원칙에 따라 거래가 이루어진다. 우리는 자발적으로 교환이 진행되면 거래는 공정했다고 말한다. 여기서 공정은 거래에만 적용되지 분배에는 적용되지 않는다. 결국 시장은 경제 활동의 결과인 소득과 재산 분배의 공정성에 대해서는 어떤 역할도 하지 않는다. 그래서 소득과 재산 분배가 공정한지 따지려면 시장이 아니라 국가에 책임을 물어야 한다.

국가는 국방, 복지 등 공공재 서비스를 제공하는 경제활동을 수행한다. 대신 조세를 징수한다. 그런데 국가가 제공하는 공공재 서비스는 수혜자를 특정할 수 없기 때문에 자발성 원칙과 교환성 원칙에 따른 직접적 비용 지불 없이 혜택을 누릴 수 있다. 이런 이유로 자기가 누린 혜택만큼 비용으로 세금을 내겠다는 사람은 없다. 그래서 국가는 법으로 정해 강제 징수한다. 이때 발생하는 문제가 조세 정의 즉, 과세의 공정성 문제이다.

조세 정의 문제가 부각되는 또 다른 이유는 불균등 과세 때문이다. 세금을 징수하면서 국가는 시장경제활동 결과의 배분에서 확보되지 못한 분배의 공정성을 확보하기 위해 소득이 높은 사람에게 더 높은 세율의 세금을 부과한다. 사람들은 자기에게 부과된 세금은 항상 많다고 느낀다. 그래서 이 과정 역시 조세 정의 문제가 대두된다. 국가의 조세제도가 정의롭지 못하면 조세 저항이 발생한다. 따라서 어떻게 부과해야 공정하느냐가 문제다. 결론부터 말하면 조세의 공정성에 대한 평가는 누진도와 총세금의 규모를 함께 고려해서 이루어져야 한다.

국가는 시장거래 원칙에 따라 누린 혜택에 비례해서 세금을 부가하는 '편익의 원칙'과 납세자의 부담 능력에 따라 '부자는 많이, 빈자는 적게' 내는 '역량 원칙'에 따라 세금을 부과한다. 어느 나라든 세금은 편익 원칙을 기본으로 공공재 서비스 혜택을 누가 많이 누렸는가를 기준으로 세금을 징수한다. 이때 능력 원칙에 따라 납세자의 부담 능력도 함께 고려하여 차등 부과한다. 이것이 누진제도이다. 왜 부자들이 더 많은 세금을 내야 하는가에 대한 답은 편익의 원칙에 따르더라도 부자들이 국가의 공공재 서비스로 더 많은 편익을 누리기 때문에, 가난한 사람들보다 더 많은 세금을 내야 공평하다는 논리이다.

공정성 기준으로 제시할 수 있는 누진도 수준은 없다. 누진도를 평가하는 이론적 판단 기준이 없기 때문이다. 그래서 다른 나라들의 누진도와 비교하는 경험적 판단 기준을 적용하는 것도 한 방법이다. 누진제 과세는 편익 원칙에 따른 과세제도이기 때문에 복지정책 재원을 위한 세금 징수의 근거가 되지 못한다는 비판이 있다. 편익원칙에 따른다면 복지 재정을 위한 세금은 복지정책 수혜자들이 부담해야 한다. 그러나 복지정책의 수혜자들은 대부분 가난한 사람들이거나 사회적 약자들이다.

편익 원칙에 따른 누진도로 조세 정의를 평가하는 것은 한계가 있다. 그래서 국가 간 비교의 핵심 기준은 누진도가 아니라 조세 부담 크기, 즉 조세부담률이 된다. 조세부담의 크기를 나타내는 방법은 통상 GDP 대비 조세의 비중으로 나타낸다. 조세부담률을 조세 공정성 평가의 기준으로 삼는 근거로는 공리주의적 주장과 공동체적 주장이 있다.

공리주의는 부자들에게서 많은 세금을 거둬들여 가난한 다수에게 복지혜택을 주면 국가 최대행복이 증대되기 때문에 좋은 것이라고 주장한다. 공동체 입장은 복지와 같은 공공 개입이 중요해진 현대사회에서 국가가 복지를 담당해주지 않으면 개인의 비용이 증가한다고 주장한다. 개인이 이를 부담하지 못할 경우 사회 안녕과 질서에 혼란이 생기고, 피해는 결국 부자들에게 돌아가기 때문에 부자들이 복지비용을 부담해야 한다고 주장한다.

앞서 공정성 비교에서는 누진도보다 조세 크기가 중요한 이유는 시장 경제 질서에서 분배의 불공정성으로 인해 야기된 빈부의 격차를 완화하는 데는 조세의 누진도보다 복지 지출 규모가 훨씬 중요하기 때문이다. 복지국가의 대명사인 스웨덴의 조세 규모는 2016년 국민 부담률 44.1%로 OECD 국가들 중 가장 양극화가 심한 미국의 26.0%보다 훨씬 컸다. 그러나 누진도는 미국이 스웨덴보다 훨씬 높았다. 스웨덴의 조세 규모가 큰 이유는 누진세인 소득세와 비례세인 소비세 규모 모두에서 스웨덴이 미국보다 컸기 때문이다.

조세 정의는 공동체적 정의관에서 세워져야

정의는 '올바름의 문제'이고, 그것이 사람들의 삶에서 반드시 관철되어야 한다면 조세 정의는 매우 중요한 문제이다. 그런데 '올바른' 기준이 무엇인가에 대해 너무나 다른 시각과 견해가 존재한다. 조세 정의를 보는 시각은 크게 자유주의 시각과 공리주의 시각, 그리고 공동체적 시각이 있다.

자유주의자인 로버트 노직은 "세금을 거두는 것은 납세자의 소득을 국가가 탈취해 가는 것이고, 소득을 탈취해가는 것은 강제노동을 시키는 것과 같으며, 강제노동은 결국 납세자를 자유인이 아니라 노예상태로 만드는 것이다"라며 조세 자체를 반대했다. 이들은 국가를 개인 생명과 재산 등 불가침 인권을 보호하는 사회제도로 이해한다. 이들은 국가 활동에 필요한 재원 조달 수단으로 조세제도를 부분적으로 인정한다. 그렇지만 소득재분배를 위한 조세제도에는 반대한다. 이들은 조세를 통해 소득 재분배를 하려는 것은 국가가 본래의 기능을 망각하고 개인의 절대적 자유영역을 침해하는 것으로 이해한다.

공리주의자인 제레미 벤담(Jeremy Bentham)은 '국가의 최대 행복'을 위해 '개인 희생'은 당연한 것으로 여긴다. 벤담은 다수가 자신들을 위해 소수에게 희생을 요구해도 된다고 생각한다. 최대의 행복은 양적으로 측량 가능하기 때문이다. 그러나 스튜어트 밀은 벤담과 달리 당장에 가져다주는 최대 행복과 미래 행복을 구분하고, 개인의 권리를 보호하다 보면 당장 최대 행복은 실현되기 어렵겠지만 장래에는 결국 최대 행복이 실현된다고 보았다.

양적 공리주의는 조세제도가 개인 재산권을 침해하더라도 사회구성원 다수의 행복이 늘어나면 정당하다고 여긴다. 즉, 소수의 부유한 납세자들로부터 많은 세금을 징수하여 가난한 다수를 도와준다면 사회 전체 행복은 증대되므로 정의롭다고 보았다. 반면에 질적 공리주의는 소수의 부유한 납세자에게 세금을 많이 거두고 가난한 다수에게 세금을 무상으로 나누어 준다면 당장의 사회행복은 극대화될 수 있을지 모르지만 장래에 사회가 매우 위험한 상황에 처할 수 있다고 보고 신중한 접근을 요구했다. 이들은 부유한 소수자에게 많은 세금을 거두어 가난한 다수에게 나누어 주는 사회에서는 어느 누구도 일을 열심히 하지 않으려고 할 것이므로 사회는 발전할 수 없다고 주장한다.

공리주의 정의관은 오늘날에도 정책입안자, 경제학자, 기업 경영자 심지어 일반 시민들에게까지 막강한 영향력을 떨치고 있다. 경제 성장과 국민 생활수준 향상을 지상과제로 전제하고 펼치는 '시장이냐 분배냐'라는 정치 논쟁의 밑바탕에는 공리주의 사고가 놓여 있다. 그러나 공리주의 시각의 조세정책은 다수의 국민들에게 행복을 줄 수 있지만, 전체를 위해 개인에게 자신의 권리를 희생하라는 요구를 함으로써 불가침적 개인 권리를 침해할 수 있어 절대적 정의라고 할 수 없다.

사회의 공동선을 추구하는 공동체적 정의관은 아리스토텔레스의 정의관과 맥을 같이하는 마이클 샌델(Michael Sandel)에 의해 주장되었다. 우리나라에서 1백만 부 이상 팔린『정의란 무엇인가』의 저자이기도 한 그는 사회 주체를 분자화된 개인이 아니라 공동체의 구성원으로 인식할 것을 주장한다. 어떤 사회적 결정을 하면서 정의의 문제를 고민하는 것은 어떤 결론이 개인이 아닌 나의 이웃, 내가 속한 사회에 더 도움이 될 것인가를 고민하는 문제로 본다. 이들은 단순히 공리를 극대화하거나 개개인의 선택 자유를 확보하는 것만으로는 정의로운 사회를 만들 수 없다고 주장한다. 좋은 삶의 의미를 함께 고민하고 칭찬하고 격려하며, 다양한 의견에 귀를 기울이면서 수용하려는 문화를 가꾸어 가야 한다고 본다.

공동체적 정의관은 현실적으로 모든 것이 평등하지 않은 사회에서 그 사회를 정의로운 사회로 만들기 위해서는 어느 정도의 인위적 배분은 불가피하다고 본다. 결국 공동체적 정의관은 조세제도를 통해 단순히 국가가 필요로 하는 재원을 조달하는 것 이외에 소득 재분배를 도모하려 해도 그 자체는 정의롭다고 본다. 이들은 또한 공동체 구성원들이 자신들이 살고 있는 사회를 정의로운 사회라고 인식하면, 사회의 결속력도 생겨나고 그러한 사회가 정의로운 사회에 가까운 사회라고 이해한다.

조세 정의를 위한 사회적 합의 필요성

세금을 내는 것을 좋아하는 사람은 없을 것이다. 기업인들이 가장 무서워하는 국가기관은 국세청이고, 가장 무서워하는 것이 세무조사라는 말이 있다. '털어서 먼지 안 나는 사람 없다'는 말처럼, 세무조사 받은 기업들과 고소득자들은 예외 없이 추징 세금을 냈다. 그러니 세원이 완벽하게 노출된 근로소득자들은 세금 내는 것을 자랑스러워하기보다는 자신들은 유리지갑이라고 자조 섞인 말로 스스로를 위로한다.

지금까지는 국가 필요재원 확보 차원에서 조세 정책이 논의되어 왔다. 세금을 자발적으로 내기를 좋아하는 국민은 없고, 기업들이나 고소득자들은 더욱 그렇다. 정부가 정한 조세 부담 수준에 누구나 쉽게 동의하지 않으므로 이론적으로나 선험적으로만 조세 공정성을 판단할 수는 없다. 그래서 개인 간의 자발적 합의가 불가능한 민주국가들은 차

선책으로 국민 대표기관인 국회에서 다수결의 의사결정방식으로 조세 체계를 확립한다.

향후 조세 개혁을 위한 국회 논의는 복지정책 강화에 필요한 재원 확보를 위한 국민 조세부담률을 높이는 방향으로 진행되어야 한다. 증세 없는 복지는 없다. 각 국가들의 복지 재원에 차이가 있는 것은 그 나라의 복지정책의 역사와 함께 하기 때문이다. 〈표 1〉에서 보는 바와 같이 우리나라 조세부담률은 OECD국가들의 그것과 비교할 때 매우 낮다.

〈표 1〉 정부 지출과 국민 부담률 비교(GDP 대비 비중 %, 2016년 OECD 통계)

	복지 외 지출	복지 지출	정부 총지출	국민 부담률
프랑스	24.9	31.5	56.4	45.3
OECD 평균	22.0	21.0	43.1	34.0
한국	21.9	10.4	32.3	26.3
OECD평균 - 한국	0.1	10.6	10.8	7.7

정부 지출 비중과 복지 지출 비중이 가장 높은 프랑스와 비교해보면 우리나라의 복지 지출 규모는 유난히 낮고 조세 지출 규모도 적다. 복지국가로 가기 위해서는 국민들의 조세부담 규모를 확대할 필요가 있다. OECD 평균과 비교해도 아직 우리나라의 조세 부담률이 낮은 수준이다. 그렇다고 복지 재정이 필요하다고 막무가내로 증세할 수는 없다. 의원들이 가장 말하기 어려워하는 것이 증세다. 그러나 국민들을 설득하고, 국민들과의 합의를 전제로 하는 증세 논의는 이뤄져야 한다. 국민이 동의하는 수준으로 조세제도를 정비하기 위해서는 국회 차

원의 공론은 말할 나위 없고, 시민사회 공론 역시 활발하게 이루어져야 한다.

조세부담률을 높이는 방법으로 법인세나 소득세의 세율을 높이는 방법과 간접세인 소비세의 세율을 높이는 방법이 있다. 문재인 정부 초기에 소득세 최고세율의 최고 구간을 조정하는 정책을 제시했다. 이는 양극화가 심화되고 있는 현실에 비추어 볼 때, 소득재분배를 제고한다는 측면에서 바람직한 정책이었다. 그러나 증세 대상 기준이 지나치게 높게 책정되어 있었기에 실효성을 비판받고 있다. 대상 기준을 실효성 있게 낮출 필요가 있다. 다음과 같은 조세정책의 조정을 통해 조세 규모와 관련하여 국민의 조세부담률을 높여야 한다.

첫째, 법인세와 관련해서는 법인세율을 높이기보다 기업 규모가 크고 수익이 많은 기업에 더 많은 세금을 부과할 수 있도록 실효성 있게 과세표준을 정하고 세율을 구간에 맞게 부과하는 방법이다. 문재인 정부 들어 새로운 법인세 구간을 구분하고 세율을 높인 바 있다. 이 또한 신설된 최고 구간(3천억 원 초과)에 해당되는 기업이 2016년 기준 77개에 불과한 것을 감안하면 아쉬운 점이다.

둘째, 개인 소득세 부담 역시 현재보다 더욱 강화되어야 한다. 〈표 1〉에서 보는 바와 같이 우리나라 세수 비중은 OECD 국가들에 비해 매우 낮다. '소득 있는 곳에 세금이 있다.'는 조세 정의가 실현되도록 비과세 감면 혜택을 과감하게 줄여야 한다. 현재 우리나라 최저소득세율이 6%임에도 불구하고 40% 이상이 종합소득세를 한푼도 내지 않는다. 이런저런 감면 혜택들 때문이다. 소득공제를 최소화하여 소득이 있는 모든 사람이 세금을 내야 한다. 대신 저소득층에 대한 복지를 확충하거나 다른 방식으로 보전하는 방법으로 소득 불평등을 적극 해소하는 방향으로 나가야 한다. 그리고 소득 불균형을 완화하기 위해서는 세율을 조정하고, 고소득자 과세 구간을 보다 세분화하거나 신설하여 세율을 실효성 있게 인상할 필요가 있다.

셋째, 부동산보유세를 조세제도의 편익원칙에 따라 강화해야 한다. 현재 우리나라는 소득 불평등뿐만 아니라 자산 불평등 문제 역시 매우 심각하다. 자산 불평등이 소득 불평등과 연계되는 현행 매커니즘을 해소하기 위해서라도 부동산을 이용하여 불로소득을 얻지 못하도록 조세제도를 개혁해야 한다. 구체적으로 시가 반영률 제고, 공정 시장가액 비율 폐지, 세율 조정, 공제 조정 등의 조세제도 개혁이 필요하다. 1가구 1주택 실소유자에 대한 배려는 우선되어야 한다. 그리고 현재 연간 2,000만원 이하의 주택임대 소득에 대해 14% 세율로 분리 과세하는 임대소득세 과세 역시 문제가 많다. 현행 부동산 조세 체계는 개인이나 법인이 임대사업자 등록을 하고, 임대주택으로 등록하면 큰 감면 혜택을 받도록 되어 있다. 따라서 임대소득의 필요 경비를 현재보다 크게 낮추고 기본공제금액을 폐지해야 한다. 그리고 현행 분리과세를 폐지하고 종합과세로 전환해야 한다.

넷째, 부동산 거래세를 대폭 낮추거나 제거함으로써 부동산 거래를 원활하게 하고, 대신 1가구 2주택 이상의 소유자들에게는 보유세를 대폭 높여 부동산을 통한 불로소득을 없애야 한다. 문재인 정부 들어 이전 정부들의 부동산 조세정책의 여파로 부동산 가격이 급등했고, 그 원인을 양도세율에서 찾는 사람들이 있다. 일각에서는 향후 정권이 바뀌면 이에 대한 변화가 있을 것으로 기대하고 2가구 이상 소유자들이 아파트를 팔지 않아 부동산 거래가 끊기면서 서울의 아파트값이 더욱 상승하고 있다는 분석도 있다. 그래서 보유세를 높여 이들로 하여금 집을 팔도록 해야 한다고 주장하는 경우도 있다. 이는 향후 부동산 조세제도가 바뀔 것이라는 전제가 깔려 있는 바 이에 대해 다음 정부가 어떤 정부가 들어서더라도 부동산을 통한 불로소득은 원천봉쇄할 수 있도록 사회적 합의를 통해 이를 조세제도에 담아야 한다.

다섯째, 금융자산으로부터 발생하는 소득에 대한 과세도 강화해야 한다. 근로소득이 종합과세 되는 것과 비교해 현재 금융소득은 2천만 원 이하일 경우는 분리과세를 통해 낮은 세율만 적용받고 있다. 금융소득종합과세의 기준 금액을 현행 2천만 원에서 하향 또는 폐지하여 종합과세 함으로써 양극화를 해소할 수 있도록 누진세 제도를 강화할 필요가 있다.

여섯째, 상속세도 일괄공제 금액 기준이 높아 2015년 기준 상속세 과세자는 대상자 전체의 2.4%에 불과했다. 상속세의 경우 일괄공제 금액을 인하하고 가업상속공제도 가업 범위를 자산 규모까지 고려하여 최대 500억 원까지로 되어 있는 현행 공제한도를 축소해야 한다.

일곱째, 세원의 투명도를 지속적으로 높이는 제도보완이 필요하다.

우리나라의 조세 정의의 고질적 문제는 탈루가 만연되어 있다는 점이다. 참여정부의 카드 사용 강화로 병의원 등 일부 고액소득자들의 세원이 많이 투명해진 것은 사실이다. 그러나 이명박 정부 들어 연말소득공제에서 카드 사용금액에 대한 공제를 낮췄다. 이는 종합부동산세를 폐지하고 법인세율을 낮추면서 부족해진 세수를 세금 징수가 쉬운 근로소득자들로부터 확보하기 위한 조치였다. 뿐만 아니라 아직도 재래식 시장 등에서는 수수료를 운운하며 카드를 받지 않는 경우가 적지 않다. 이들의 주된 목적은 세원 노출을 꺼리기 때문이다. 그래서 세원의 투명화를 제고하기 위해서는 신용카드 및 현금 카드 사용의 필요성을 국민들에게 홍보하고, 카드 수납을 꺼리는 곳에는 예외 없이 제재를 가해야 할 필요가 있다.

탈세가 적발되면 적발된 세액에 낮은 가산비율만 합하여 납부하면 되기 때문에 세원을 감추기 쉬운 고소득자나 기업들은 탈세의 유혹으로부터 벗어나기 어렵다. 이들에 대한 단속과 징벌적 추징 등 강력한 처벌을 통해 투명 사회를 만드는 것이 우선되어야 한다. 과거 권위주의 정부들에서는 세무조사가 정부의 기업 협박 수단으로 활용되어 왔다. 정부가 기업 세무조사를 강화하면 일부 언론은 기업 활동을 위축시킨다고 앞장서서 기업 편을 들었다. 탈세를 막고 조세 정의를 세우는 유일한 방법은 탈세 있는 곳이면 끝까지 추적하고, 적발되면 기업이건 개인이건 징벌적 추징을 통해 반드시 망한다는 단순한 진리를 인식시키는 것이다.

3. 노동 공정사회

헌법 제32조는 '모든 국민은 근로의 권리를 가진다'고 명시하고 있다. 아울러 '국가는 사회적·경제적 방법으로 근로자의 고용증진과 적정임금의 보장에 노력하여야 하며, 법률이 정하는 바에 의하여 최저임금제를 시행하여야 한다'고 규정하고 있다. IMF 외환위기를 벗어나기 위해 강요되었던 신자유주의 정책들로 인해 비정규직은 확대되고 시장 경쟁논리는 강화되었다. 정부와 기업의 책임은 은폐된 채 대부분의 피해는 노동자, 중소기업, 자영업자들에게 전가되었다. 불안정한 노동, 형편없는 저임금이 정당화되었다.

1990년대 초만 해도 오늘과 같은 형태의 비정규직은 없었다. 건설현장 등에 일용직이라는 특수 고용 형태로 존재했을 뿐이다. 1990년대 중반부터 일부 대기업이 경쟁 중심으로 기업문화를 바꾸고 비핵심 업무를 외주화하는 정책의 일환으로 비정규직화를 추진한 적은 있었다. 그래도 '비정규직노동자'는 대단히 낯선 개념이었다.

1998년 국제통화기금, 곧 IMF로부터 긴급 자금을 수혈 받기 위해 '파견노동자보호 등에 관한 법률(이하 '파견법')'이 제정되었다. 이 법은 26개 업종에 한해 파견 근로를 허용하고 2년 후 정규직으로 전환하도록 되어 있었다. 이 법안은 기업들에게 '노동자를 직접 고용하지 않아도 된다'는 신호로 작동했다. 이 법에 근거해 '정리해고와 노동자 파견제'가 진행되면서 비정규직이 양산되었다.

정리해고와 비정규직화는 노동자 잘못 때문만이 아니다. 외환위기는 정부의 책임이었고, 기업위기는 경영자들 책임이었다. 그런데도 가장 힘없는 노동자들이 책임을 떠안았다.

외환위기는 김대중정부의 노력, 국민들의 금 모으기 운동 등을 통한 헌신, 그리고 노동자들이 부담을 떠안은 채 벗어났다. IMF의 압력도 사라졌다. IMF의 요구를 받아들여 1998년 '파견노동자보호 등에 관한 법률'을 제정하면서 노동유연화를 추진하던 김대중 대통령은 경제가 나아지면 다시 예전으로 돌아갈 수 있다고 약속했다. 하지만 노동자들의 권리는 회복되지 못했다. '근로기준법'과 '직업안정법'에는 '중간착취 금지'가 명문화되어 있었다. 그렇지만 비정규직을 보편화한 1998년 파견법은 특별법으로 제정되어 이 규정을 적용받지 않는다. 또한 이 법은 2년 이상 동일 작업을 수행하면 정규직으로 전환하도록 규정했다.

기업들이 약속대로 돌아가지 않았다. 기업들은 전경련을 비롯한 경제5단체를 앞세워 이 조항을 무력화시키는 논리를 만들고, 뒤로는 보수정당에 로비하여 파견법상의 비정규직의 정규직화 조항을 무력화하는데 앞장섰다.

파견법 제정 2년 후였다. 기업이 아직 준비가 덜 되었다는 이유로, 정규직 전환 조항을 수차례 유예하더니 2007년에는 아예 기간제법을 만들었다. 정당한 사유 없이 2년 기간제를 자유롭게 사용할 수 있도록 만든 것이다. 결국 비정규직들은 정규직으로 전환할 수 없게 되었다. 열악한 노동 조건이 영속화되면서 정규직과 비정규직의 격차는 계속 벌어졌다. 결국 전체 노동자의 절반이 비정규직으로 채워졌다. 비정규직이 제도화되면서 비정규직들은 고용불안에 대한 저항이 불가능해졌고, 고용불안을 숙명으로 받아들여야 했다.

한국경영자총협회(경총)의 조사에 의하면, 기업들은 2015년 3.5%, 2016년 4.4%, 2017년은 6.6%씩 정규직 채용을 줄였다. 2017년 한국경제연구원이 고용형태별 근로실태조사를 분석한 결과를 보면 최근 5년간 늘어난 272만개 일자리 중에서 300인 이상 사업장이면서 연봉 3,000만 원 이상의 정규직 비중은 8%에 불과했다.

미국은 계절 고용처럼 일시적으로 작업량이 많은 경우, 정규직으로 고용하는 것보다 시간당 높은 임금을 지불하더라도 일시적으로 고용하는 것이 합리적이라고 판단될 때, 비정규직을 고용한다. 그래서 정규직보다 비정규직들에게 더 높은 임금을 지불한다. 최소한 '동일노동 동일임금의 원칙'에 따라 대우해 주는 것이 비정규직을 둘러싼 정의요, 공정성이다. 그런데 우리사회의 비정규직 계약은 노동자 권리를 억압하고 박탈하는 족쇄에 불과하다. 불리한 계약 조건 때문에 비정규직들은 헌법이 보장하는 권리도 주장하지 못한다.

정규직과 비정규직이 한 작업장에서 동일한 작업을 하는데도 임금을 비롯한 모든 조건의 차별이 용인된다. 이것이 노동 공정성 위배 문제이다. 기업들이 양질의 일자리 비중을 줄이다보니 정규직이 되는 관문은 갈수록 협소해지고 경쟁은 치열해졌다. 경쟁논리가 일상화된 사회에서 치열한 경쟁을 통과한 정규직 노동자들은 자신의 직업을 승자의 특권으로 인식한다. 이들은 비정규직 노동조건을 경쟁에서 패배한 자들이 마땅히 감수해야 할 결과로 여긴다. 기업들은 정규직 신규채용은 줄이는 대신 비정규직으로 채우면서 동일한 작업을 정규직과 비정규직이 함께 하게 되었다.

자동차 공장에서 정규직은 오른쪽 바퀴의 나사를 조이고, 비정규직은 왼쪽 바퀴의 나사를 조인다는 말이 있다. 그러나 임금은 비정규직이 정규직의 3분의 1정도이다. 기업들은 각종 차별을 통해 정규직과 비정규직을 위계화한다. 업무를 세분화하여 비정규직이 하는 일은 부차적이거나 핵심적이지 않은 일로 간주한다. 정규직들은 비정규직에 대한 차별은 정당하고 '나와는 관계없는 것'이라고 인식한다.

비정규직의 차별 철폐는 국가의 책임

문재인 정부는 공공부문이 주도하여 정규직화를 앞당기면, 민간 기업들의 비정규직 문제도 해결될 것이라는 믿음을 갖고 있는 듯하다. 공공부문에 대해 '상시업무 정규직화' 원칙을 선언하고 정규직 전환을 주문했다. 그러나 사회적 반발이 의외의 곳, 젊은 정규직들에게서 터져나왔다. 공공기관들도 '한시적 일자리라서', '임금의 지원 주체가 달라서' 등등의 이유를 들면서 비정규직의 정규직화를 피하려고 한다.

2017년 7월 20일 발표된 가이드라인은 '청년들이 경쟁해서라도 들어오고 싶어 하는 청년 선호 일자리는 경쟁채용을 해야 한다'고 규정했다. 이는 나쁜 노동조건에도 불구하고 지금까지 일해오던 비정규직 노동자에게 '정규직 전환 경쟁채용을 통해 정규직으로 들어오라'는 것이다.

정부를 비롯한 국가기관이 해야 할 일은 헌법이 보장하는 노동자의 보편적 권리를 보장하고 확대하는 것이다. 노동자의 보편적 권리는 안정적인 일자리에서 차별적 계약 조건 때문에 위험에 빠지지 않고 안전하게 일하고, 휴식을 누리며, 행복한 생활을 영위할 만큼의 임금을 받고, 자율성과 협력이 조화를 이루는 일터에서 일할 수 있는 권리를 말한다. 공동체적 공정성에서는 다른 사람들의 보편적인 노동자 권리를 빼앗는 것은 어떤 논리로도 정당화될 수 없다. 경쟁에서 한 번 패했거나 배제되었다고 해서 '인간다운 삶의 권리'나 '안정된 노동 권리'를 양도한다고 합의한 사람은 없다. 그러하기에 기업과 정부가 일방적으로 정한 권리의 훼손에 무작정 순응할 의무도 없다.

비정규직 차별 문제는 해결해야 한다. 이를 위해 국회는 사회적 합의를 이루어내서 '동일노동 동일임금'의 차별 없는 노동을 만들어야 한다.

대기업노동조합을 귀족노조라고 비판하면서 노동조합을 공격하는 것이 마치 노동개혁인 것처럼 주장하는 이들도 있다. 대기업노동조합들이 사회에 미치는 역기능을 모르는 바 아니다. 이들은 비정규직의 정규직화를 막는 역기능을 낳기도 하고, 동일 노동 차별 임금을 초래하기도 한다. 그러나 지금의 노동조합 경직화가 그들만의 책임이 아니라는 인식으로부터 노동개혁의 논의는 시작되어야 한다. 이를 위해서는 공동체주의에 입각하여 기업과 정부 그리고 사회적 합의를 이끌어 내는 것이 무엇보다 중요하다. 이것이 국회가 중심적 역할을 해야 하는 이유다.

4. 양성평등

세대 갈등을 야기하는 연금 문제와 일자리 문제, 복지 문제 등의 당면 과제들 중 대부분은 출산율 저하에서 연유되었다. 정부는 출산율 제고를 위해 막대한 국가적 예산을 투입했다. 그런데도 세계에서 가장 낮은 출산율이 지속되고 있다. 그것은 현행 국가 정책이 출산율 문제 해결을 위한 본질이 아니었기 때문이다. 프랑스의 경우 출산율 문제는 여성 권리 회복과 함께 해결되었다. 출산율 문제는 양성평등 사회가 되어야 해결될 수 있다.

지금까지 우리나라 양성평등 문제는 억압된 여성 권리를 회복하는 차원에서 논의되어 왔다. 이제는 사회구조적 문제를 해결하기 위한 초석이라는 차원에서 논의되어야 한다. 남성과 여성의 존엄과 가치에 차이가 없다는 것이 전제이다. 남성 중심으로 위계화된 사회운영 논리와 질서를 양성 중심으로 바꾸는 것이다. 이것은 공적 영역과 사적 영역으로 분리된 성역할과 자원분배 규칙을 전환해야 가능하다. 관계의 변화를 실현할 때 양성평등은 가능해지고 '양성 공정성'의 원칙도 현실성 있는 정책이 될 수 있다.

양성평등과 관련된 모든 논의는 3가지 차원을 동시에 고려하면서 논의해야 한다.

첫째, 여성의 노동시장 참여가 남성과 같은 기회의 균등과 분배의 공정성이 주어져야 한다. 둘째, 여성의 경력 단절을 막기 위한 방안으로 육아의 책임을 남성도 함께 나눔으로써 양성평등을 이룩해야 한다. 셋째, 성별에 따른 분업화가 아니라 능력에 따른 분업화로 사회의식이 전환되어야 한다.

사회적 약자인 여성 중심의 양성평등 3대 전략

공정성을 논의할 때, 사회적 공정성과 양성평등은 의미에 있어서 얼마간의 차이가 있다. 사회적 공정성은 기회균등, 공정한 절차, 사회적 포용으로 구성되며, 정책을 통하여 구현될 수 있다. 그러나 양성평등과 관련하여 가부장적 속성이 강한 사회에서는 단순히 사회적 공정성 구성 요소인 기회의 평등이나 절차의 공정성이 이루어졌다고 여성에게 정의로운 결과가 되지 않는다. 약자를 보호하지 못하는 사회는 결코 공동체복지사회로 나갈 수 없다. 양성평등의 문제는 불평등하게 여겨질지 모르지만 사회적 약자인 여성을 보호하는 정책으로 입안되고 시행되어야 한다.

가부장적 속성이 강한 우리사회에서 여성 권리와 특권을 남성과 같은 수준으로 끌어올리기 위해서는 다음 세 가지 차원의 전략을 고려해야 한다.

첫째, 여성과 남성이 동등하다는 전제에 기반을 둔 자유주의적 기회 균등 전략이다. 이 전략은 여성을 불평등하게 취급하는 영역들을 확인하여 법과 제도적 개혁을 통해 차별적 요인을 제거함으로써 여성의 권리와 특권을 남성과 똑같이 확대하는 방안이다.

두 번째 전략은 성역할의 차이를 강조하는 실질적 평등(또는 결과의 평등) 전략이다. 여성의 모성적 역할에 대한 정책적 지원이나 적극적 조치를 취하는 정책이 남녀를 다르게 취급하는 것이므로 불평등하다고 보는 시각도 있지만, 이 전략의 관점에서는 권리·혜택·의무·기회 측면에서 여성의 권리를 남성과 같은 지위로 확대하는 결과를 가져오기 때문에 사회적 불평등을 해소하는 전략이다.

세 번째 전략은 남성성 대 여성성, 같음과 다름의 이분법을 넘어서 가부장적 규범과 제도에 도전하는 변혁적 전략이다. 양성평등은 계량적 지표로 나타나는 지위 상승이나 남성을 기준으로 한 상대적 차별의 제거만으로 해결되지 않는다. 남녀에 대한 다른 평가와 보상을 결정하는 남성 중심의 사회적 규칙을 변화시킴으로써 가능하다고 보는 입장이다.

양성평등은 공정성이나 형평성을 구성 개념으로 두고 있는 상위 개념이다. 그런데 공정성이나 형평성 개념들은 양성 간의 불평등한 권력 관계와 사회적, 경제적, 정치적 구조에 대한 페미니스트 통찰력을 배제하게 하고, 양성평등의 변혁적이고 도전적인 측면을 간과하게 한다.

양성 간에 기회가 불평등한 우리 사회

양성평등을 정의하고 평가하기란 쉬운 일이 아니다. 양성평등은 다양한 차원과 다양한 의미 를 가진 복잡한 개념이다. 위계화 된 성역할, 성 정체성, 성별 지위와 규범 등 불평등한 양성 관계는 모든 사회운영과 조직 논리에 따라 체계화 되고 고착화된 개념이기 때문이다.

2018년 유엔개발계획(UN Development Programme, UNDP)의 성불평등지수(Gender Inequality Index, GII)에 따르면 한국은 전 세계 189개국 중 10번째의 양성평등 국가였다. 반면 2017년 세계경제포럼(World Economic Forum, WEF)의 성격차지수(Gender Gap Index, GGI)에 따르면 세계 144개국 중 118위였다. 1년 사이에 이렇게 큰 차이로 양성 평등이 개선되었을 리 없다. 이들 두 기관의 평가의 차이는 적용되는 기준 차이다.

그렇다면 우리사회는 얼마나 양성 평등이 이루어진 나라일까? 한국행정연구원이 2015년 성인 남녀 7,700명을 대상으로 실시한 공정성 인식에 대한 조사 결과를 보면 양성 공정성에 관해 부정적인 평가가 우세하게 나타났다. 전체 응답자 중 54.7%(전혀 공정하지 않다 8.6%, 별로 공정하지 않다 46.1%)가 성별에 따른 대우가 공정하지 않다고 답변했다. 반면에 45.3%(매우 공정하다 2.7%, 약간 공정하다 42.6%)는 공정하다고 인식하고 있다.

여성가족부가 만19세 이상 남녀 8,000여 명을 대상으로 실시한 2016년 양성평등 실태 조사에 의하면, 응답자 중 21.0%만이 우리사회에서

'남녀가 평등'하다고 응답했다. 반면에 62.6%는 '여성이 불평등'하다고 응답하였다. 성별로 여성 응답자(74.2%)가 남성 응답자(50.8%)보다 '여성이 불평등한 사회'로 인식하고 있는 것으로 나타났다. 또 여성 응답자들 중 20대(81.9%)와 30대(84.5%) 등 젊은 연령층에서 '여성이 불평등'하다는 인식이 높게 나타났다.

노동 시장에서의 양성 불평등

1960년대 이후 여성의 사회 참여와 노동시장으로의 진출은 꾸준히 증가해 왔다. 노동시장에서 여성 지위나 양성평등 지표는 주로 고용률, 임금수준, 고용 안전성 등 세 가지 측면에서 평가한다. 우리나라의 여성 고용률은 남성 고용률에 비해 매우 낮다. OECD 회원국들과 비교

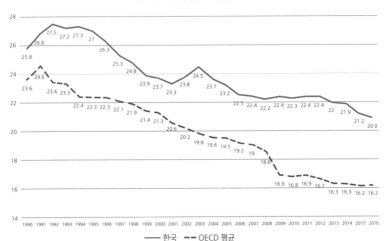

〈그림 1〉 성별 고용률 격차

── 한국 ▬ ▬ OECD 평균

＊자료: OECD, Employment dataset

해도 매우 낮다. OECD 고용 조사에 따르면 우리나라 2016년 여성 고용률은 56.2%로 OECD 평균(59.4%)에 미치지 못했다. 순위로는 32개 OECD 회원국들 중 26위였다.

라이프 스타일 측면에서 기혼 여성들은 2000년 52%, 2010년 54.1%, 2015년 56.2%가 고용된 상태였다. 그러나 연령별로는 큰 차이를 보였다. 30대에 여성 고용률은 감소하다가 40대에 증가하는 M자 형태이다. 1980년과 1990년에는 25세에서 29세까지의 여성의 취업률이 가장 낮았으나, 2000년에서 2010년까지는 30세에서 34세까지가, 2015년에는 35세에서 39세까지의 여성의 취업률이 낮았다.

이처럼 경력 단절 연령이 조금씩 높아지는 것은 결혼시기가 늦춰지면서 육아의 시기가 늦어졌기 때문이다. 그러나 여성의 노동시장 참여가 증가함에도 불구하고 여전히 OECD 국가들 중 낮은 수준인 것도 문제지만, 육아를 위한 여성 경력 단절 역시 심각한 문제다.

지난 20여 년간 우리나라 남녀 임금 격차는 꾸준히 감소해 왔다. 그렇지만 OECD 평균에는 크게 미치지 못했다. 1995년 성별 임금 격차는 44.2%, 2016년에 36.7%로 OECD 평균인 13.9%에 두 배 이상의 임금 격차를 보이고 있다. 세계경제포럼(WEF)의 2017년 성 격차 지수(GGI)에서도 '유사 업무 성별 임금 차이'가 145개국 중 121위로 최하위권이었다.

노동시장에서 여성의 낮은 지위는 불안정한 고용 형태에서도 볼 수 있다. 통계청 경제활동인구조사에 따르면 2017년 전체 비정규직 노동

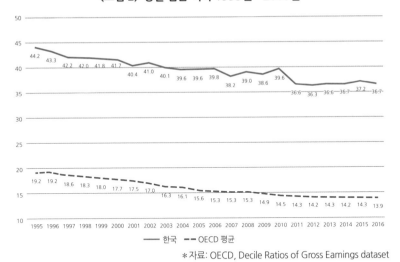

〈그림 2〉 성별 임금 격차 1995년~2016년

한국: 44.2, 43.3, 42.2, 42.0, 41.8, 41.7, 40.4, 41.0, 40.1, 39.6, 39.6, 39.8, 38.2, 39.0, 38.6, 39.6, 36.6, 36.3, 36.6, 36.7, 37.2, 36.7

OECD 평균: 19.2, 19.2, 18.6, 18.3, 18.0, 17.7, 17.5, 17.0, 16.3, 16.1, 15.6, 15.3, 15.3, 15.3, 14.9, 14.5, 14.3, 14.2, 14.3, 14.2, 14.3, 13.9

1995 1996 1997 1998 1999 2000 2001 2002 2003 2004 2005 2006 2007 2008 2009 2010 2011 2012 2013 2014 2015 2016

—— 한국 ‑‑ OECD 평균

＊자료: OECD, Decile Ratios of Gross Earnings dataset

자의 성별 비율은 여성 55.2%이었고, 남성은 44.8%이었다. 여성 노동자들 중에서의 비정규직 비중은 41.1%로 남성의 경우 26.3%에 비해 높다. 여성 비정규직 비중이 반영하듯 고용 안정성의 성별 격차 역시 현저하다.

노동시장에서 여성의 지위가 낮은 원인은 크게 두 가지 때문이다. 첫 번째 원인은 임신·출산·육아로 인한 경력 단절이다. 육아로 노동시장을 떠난 여성이 다시 복귀할 때 전과 달리 불안정한 일자리로 하향 취업한다.

이와 같이 여성이 육아시기에 경력 단절을 느끼는 것은 양성의 성역할이나 성별 분업이 양성 불평등을 야기하는 핵심적 요소이다. 우리사회는 남성은 생산노동, 여성은 가사노동과 양육노동의 일차적 책임자로 인식하고 있다. 이와 같은 성역할과 분업화는 남성은 생산이라는 가치 있는 일을 담당하는 반면, 여성은 비생산적인 일에 종사한다는 잘못된 가치관에 근거하고 있다. 성역할에 따른 성별 분업의 가치관은 사회적 자원의 불공평한 분배, 불평등한 권력관계를 통해 가부장적 사회관계를 지속하는 이념적·문화적 체계로 작용했다. 이러한 가치관은 사적 영역인 가족에서도 여성 지위를 낮게 평가할 뿐 아니라 노동시장, 정치, 문화 등 공적 영역에서도 여성의 지위를 열등하게 평가하는 것과 관련되어 있다.

양성평등을 위한 성역할 가치관 정립

두번째 요인은 양성 간의 불평등한 노동시장 요인이다. 채용과정이나 업무 배치, 승진에서 여성에 대한 차별은 많이 완화되었지만 여성에게 불리한 간접 차별은 여전히 지속되고 있다. 성역할을 전제로 한 '이상적 남성 노동자 규범'과 성희롱 등 가부장적 문화는 여성 노동자를 배제하는 요인으로 작용하며, 이런 점에서 노동시장의 기회균등은 한계를 보여준다.

성역할의 주요 쟁점은 '역할 분담이 공평한가'의 여부이다. 이는 남성이 소득활동을 하면 여성은 가사와 양육을 담당하는 것이 공평한 분업인지, 그리고 역할 수행의 결과로 나타나는 자원의 분배나 사회적 보상이 공정하고 평등한가와 관련되어 있다. 우리사회에서도 남성의 일과 여성의 역할을 분리하는 근대적 성별 분업은 여성의 경제활동 참여

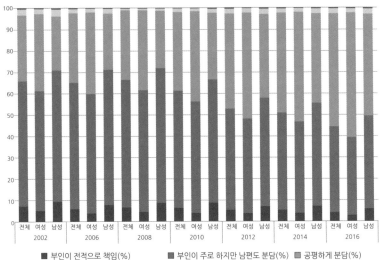

〈그림 3〉 가사분담에 대한 견해 추이

■ 부인이 전적으로 책임(%)　■ 부인이 주로 하지만 남편도 분담(%)　■ 공평하게 분담(%)
□ 남편이 주로 하지만 부인도 분담(%)　■ 남편이 전적으로 책임(%)

로 도전받지만, 가족 내 성역할의 변화는 지체되고 있다.

흔히 가사 노동 분담을 가족 내 공평성이나 평등을 평가하는 지표로 사용하는데, 이 부분은 인식과 실천 사이에 괴리가 크다. 가사 분담의 태도 변화를 살펴보면 우선 전체적으로 아내가 하는 것이 맞는다고 응답한 경우는 2002년 65.9%에서 2016년 44.4%로 20% 이상 감소하였다. 반면 가사노동을 아내와 남편이 공평하게 분담해야 한다고 응답한 경우는 2002년 30.7%에서 2016년에는 52.9%까지 증가하였다. 이를 남녀로 구분하여 살펴보면 남녀 모두 아내가 전적으로 한다는 입장에서 부부가 공평하게 분담해야 한다는 입장으로 변화하는 경향을 보인다.

가사 분담에 대한 태도에 대비하여 실제로 가사 분담이 어떻게 이루어지는지 살펴보면 그 변화의 속도는 태도의 변화만큼 빠르지 않음을 알 수 있다. 실제로 아내가 가사를 책임진다고 응답한 경우는 2008년 35.7%에서 2016년 28.4% 감소하였고, 공평하게 분담한다고 응답한 경우는 2008년 9%에서 2016년 17.7%로 증가하였다. 한편 취업 상태에 관계없이 여성이 가사 노동에 대해 주된 책임을 맡는 것으로 나타났다. 취업 아내는 돌봄·가사 노동에 하루 208분을 쓰는데 반해, 무직 남편은 72분을 쓴다는 조사 결과가 이를 뒷받침한다.

여성이 단순히 노동시장에 참여한 것만으로 가족 내 성역할이 변화되고 평등한 양성 관계가 이루어지는 것은 아니다. 우리사회에서 여성의 취업이 증가함에 따라 남성의 가사노동 인식과 가사노동 참여시간이 증가하고 있는 것은 사실이다. 그렇지만 증가 속도는 여성의 사회진출 속도에 비해 여전히 느리다. 그런 이유로 아직도 여성이 가사와 양육을 책임지는 비율이 매우 높다. 이런 양성간의 가사노동에 대한 인식과 참여 시간의 불균형이 여성의 사회진출을 어렵게 하며, 출산율 저하 등의 사회문제를 야기한다.

성 차별적 노동시장에서 상대적으로 높은 남성의 지위와 성역할 이데올로기나 남성성과 같은 문화적 요인들이 남성의 가사노동에 대한 의식 변화와 가사노동 참여시간의 증가를 더디게 한다. 사실 성별 분업은 공평하거나 중립적일 수 없다. 가정에서 여성과 남성이 수행하는 가사 일이 불평등한 양성의 관계를 규정하고 또한 설명해 준다. 여성이 가사노동 수행을 의무적인 것으로 받아들이는 것은 종속적 지위를 나타내는 반면, 남성이 가사노동을 여성의 역할로 규정하고 회피하는 것은 그들의 구조적·문화적 권력을 보여주는 단면이다. 이러한 의식에 변화가 없이는 양성평등은 달성될 수 없다.

일과 가족의 양립 문제와 일과 가족 균형의 문제는 최근 여성이나 가족 관련 정책에서 가장 많이 논의되는 중요한 의제이다. 여성 경제활동 참여 증가, 여성 노동력에 대한 사회적 요구, 가족의 맞벌이 요구가 결합하면서 여성의 일과 가족에 대한 사회적 관심이 증폭되고 있다.

정책입안자들의 의식전환 시급

성별 분업에 대한 의식이나 분업 구조에 대한 근본적 원인 분석과 문제 해결 없이 단순하게 시행된 정부의 출산·육아 지원 정책과 일·가족 양립 정책은 가족 내 여성의 역할과 헌신을 더욱 강화하도록 지지하는 데 기여하는 결과를 야기했다.

오랜 세월 누적되어 온 가부장적 전통으로 우리사회는 남성의 가사와 육아 돌봄 노동 역할에 대한 기대가 낮으며, 남성 스스로도 이들 노동에 참여하는 비율도 낮다.

이러한 경향은 성별 육아휴직 이용자 수를 통해 확인할 수 있다. 2002년 3,763명에 불과하던 육아 휴직자 수가 2017년에는 9만 123명으로 늘었다. 출산 전후 휴가 이용자 수도 2002년 2만 2,711명에서 2017년 8만 1,093명으로 증가했다.

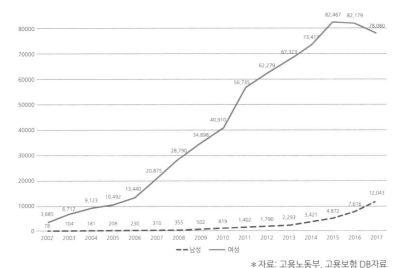

〈그림 4〉 성별 육아휴직 이용자 수 추이

＊자료: 고용노동부, 고용보험 DB자료

　그러나 남녀별 육아휴직 이용자 수를 살펴보면 2002년 3,685명에 불과하던 여성의 육아휴직자 수는 2017년 7만 8,080명으로 15년간 7만 4,395명이나 증가했다. 반면 남성은 2002년 78명에서 2017년 1만 2,043명으로 1만 1,965명 증가하는데 그쳤다. 이처럼 육아휴직 이용에 성별 불균형이 심각하다는 것은 아직도 육아 책임을 여성이 떠안고 있다는 예이다.

　프랑스나 스웨덴은 출산 후 육아 부담이 여성에게만 치중되는 현상을 막기 위해 남성의 육아휴직 할당제를 적극 시행했다. 프랑스는 2014년부터 최소 6개월 동안 남성에게 육아휴직 급여를 지원하는 제도를 도입했다. 한편 스웨덴은 1995년부터 남성 육아휴직 할당제를 시행하여 출산 후에는 남성 노동자가 의무적으로 3개월 휴직하게 하였다. 그 결과 2016년 전체 육아휴직자 중 남성 비중이 45%로 나타났다.

남성 노동자 중심의 '노동자 규범'을 고수하는 한 노동시간 단축, 여성의 부양노동 참여, 남성의 돌봄노동 참여 정책들이 성공하기 어렵다. 근대적 성별 분업과 양성 불평등은 노동 중심의 남성 규범에서 돌봄 중심의 새로운 양성 규범으로 전환해야 해결이 가능해진다.

여성을 남성과 똑같이 만드는 것이 아니라 남성이 여성을 닮아가도록 해서 시장노동, 가사노동, 돌봄노동을 함께 하도록 하는 것이다. 가부장적 전통이 강한 우리사회가 의식 전환을 통해 이 같은 규범을 정착시킬 수 있을지는 의문이다. 그러나 의식의 변화보다 먼저 입법을 통한 제도적 장치를 도입하여 시행하게 함으로써 의식의 변화를 유도해야 한다. 양성평등의 장기적 전망과 목표는 가부장적 양성 질서를 완전히 바꾸는 것이므로 이러한 이상적 상상은 의미가 있다.

결론적으로 우선 남성과 여성이 함께 가족을 부양하고 가사노동을 하며, 육아 돌봄도 함께 하는 문화를 만들어 내야 한다. 이와 함께 국회는 여성 중심의 노동규범에서 양성평등 정책을 입안해야 한다는 것이다. 향후 입법은 남성이 여성의 노동 역할을 수행할 수 있도록 여성 위주의 노동 규범에서 남성의 가사노동과 육아 돌봄을 지원하는 입법으로 방향을 전환해야 한다.

제2부

·

공동체 복지사회로 가는 길

1

새로운 세대의 등장

N포 세대를 위한 변명

현재 많은 젊은이들이 기약 없이 결혼과 출산을 미루고 있다. 치솟는 물가, 등록금, 취업난, 집 값 등 경제적, 사회적 압박으로 인해 스스로 돌볼 여유도 없다는 이유로, 연애와 결혼도 포기한다. 이렇게 연애, 결혼, 출산 3가지를 포기한 세대를 '삼포 세대'라고 말한다. 삼포세대로 시작해서, 집과 인간관계를 포함하여 5가지를 포기한 '오포 세대'를 말하더니, 여기에 희망, 꿈까지 포함하여 7가지를 포기한 '칠포 세대'도 나오면서, 이제는 N가지를 포기한 'N포 세대'로 확장되었다.

N포 세대까지 온 이유는 젊은이들에 대한 현대 사회의 경제적, 사회적 압박 때문이다. 대한민국 청년세대들은 경제적으로는 학자금대출 상환, 과도한 주거 및 생활비용에 시달린다. 사회적으로는 대기업이나

공무원이 아니면 실패한 사람으로 몰아가는 분위기에 압도당하며 힘들게 하루하루를 살고 있다.

이러다보니 청년 세대들의 상징이라 할 수 있는 꿈을 잃어가고 있다. '꿈을 먹는 젊은이'나 '소년이여 야망을 가져라'(Boys, be ambitious!) 등의 구호는 잊혀지고, 일본의 사토리 세대처럼 그저 하루하루를 달관한 듯 살아가는 이들이 늘어났다. 청년세대들의 꿈이라 할 수 있는 소득 상승이나 계층이동 가능성에 대한 기대감은 점점 낮아지면서, 당장의 자기앞가림이 쉽지 않은 이들에게 연애는 일종의 사치이며, 결혼과 출산은 더욱 요원한 일이다.

'밀레니얼 세대'라 불리는 19~40세의 청년세대들은 한국 사회를 부정적으로 보는 경향이 강해졌다. 2019년 초록우산어린이재단의 의식 조사에 따르면, 우리나라가 살기 좋은 곳이라는 생각이 기성세대보다 훨씬 낮게 나타났다. 반면, 태어날 때부터 계급(계층)이 정해진다는 생각과 우리나라는 경쟁이 치열한 곳, 타인과 비교를 많이 하는 곳이라는 생각에도 동의하는 비율은 기성세대보다 높게 나타났다. 소위 '수저 계급론'을 뒷받침했다.

가족 관련 가치관에서도 기성세대와 차이를 보였다. 밀레니얼 세대는 가족보다 자신이 먼저라는 생각, 결혼은 안 해도 그만이라는 경향이 강하다. 결혼하지 않으면 노후에 외롭고 쓸쓸할지 모른다는 우려보다는, 결혼과 출산 후 자녀 때문에 하고 싶은 일을 못 할 수도 있다는 걱정이 더 크게 나타났다. 이런 젊은 세대의 의식에 대해서, '청년들이 자기 편한 것만 따진다.' '헝그리 정신이 없다.' '노력이 부족하다'고 질책할지도 모른다. 그러나 이런 비난들은 치열한 생존 경쟁에 내몰린 N포 세대들의 절박함을 이해한다면 쉽게 하기 어려울 것이다.

밀레니얼 세대는 대한민국의 미래를 이끌어나갈 세대이다. 그런데 이들을 위한 정책이 효과적이었는지 돌아볼 필요가 있다. 이들의 목소리를 경청하고 이해하고 정책에 반영하려고 노력하지 않으면, 인구 문제를 비롯한 우리 사회의 지속가능성 문제를 해결하기는 어렵다.

국가를 위해 애를 낳으라고? 출산주도성장은 불가능

젊은 세대들도 저출산고령화라는 인구문제의 심각성에 대해서는 공감한다. 그렇지만 당연한 결과라고 반응한다. 인구 관련 통계가 발표될 때마다. '국가의 미래가 불투명하다', '국민연금 고갈 시점이 앞당겨진다'는 등의 우려가 이어진다. 그러나 개인의 입장에서는 와 닿지 않는 먼 이야기에 불과하다. 이미 각자도생의 길에 접어들어 생존경쟁에 몰두할 수 밖에 없는 현실 때문이다.

밀레니얼 세대는 자녀를 경제적 부담으로 여긴다. 제대로 양육할 수 없다면 자녀를 낳지 않는 것이 낫다고 생각하는 경향이 있다. 부모로서 희생하고 순응하며, 자녀의 성장을 지켜보는 것이 인생의 큰 즐거움이라고 느끼던 기성세대와는 확연히 다른 모습이다. 아마도 그들이 성장하는 과정에서 과도한 사교육비 지출 등 부모들의 희생을 보았기 때문일 것이다.

합계출산율이 1명 이하라는 것은 장기적 국가 존립이 문제가 될 정도의 위기다. 그런데 저출산대책이라고 쏟아 부은 수십조 원의 예산은 효과가 미미했다. 아이를 낳으면 돈을 주겠다는 소위 '출산주도성장' 방식은 통하지 않는다. 자유한국당은 아이가 태어나면 2,000만 원을 주고, 아이가 20살이 될 때까지 매달 33만 원씩을 지급해 한 아이에게 총 1억원을 주자는 정책을 발표하기도 했다. 그러나 반응은 싸늘했다. 60%가 출산주도성장에 반대했으며, 찬성한 사람은 20%에 그쳤다. 저출산 고령화라는 국가적 문제를 언급하고, '돈을 줄 테니 아이를 낳으라'고 하는 발상 자체가 문제가 있다.

출산은 국가적인 문제를 해결하기 위한 게 아니라, 본인과 가정의 행복을 위한 것이다. 아이가 크는 모습을 보면서 행복을 느끼기보다 아이를 키우는 걱정이 앞서면 아이를 낳을 이유가 없다. 청년세대들이 아이를 통해 행복을 느끼도록 만들어야 한다.

아이를 낳지 않는 이유를 해결해야

젊은이들이 출산을 포기하거나 축소하는 이유는 무엇인가? 이는 미래에 대한 절망으로 요약된다. 치열한 경쟁 속에서 미래에 대한 희망과 아이를 가질 여유를 찾지 못하는 것이다. 특히 교육과 일자리 경쟁이 치명적이다. 경쟁에서 뒤처지지 않기 위해서 결혼이나 출산을 미룬다. 여성에게는 경력 단절의 위험이 크기 때문이다. 아이를 낳더라도 보육이 문제이고, 과도한 사교육비로 경제적 부담도 증가한다. 그렇게 태어나 자란 아이는 또다시 좋은 일자리 잡기가 어렵고, 결혼과 출산을 미루는 악순환이 계속되는 것이다.

아이를 갖지 못하는 이유는 경제적 이유뿐만 아니라, 일자리, 교육, 보육 등 여러 원인이 복잡하게 얽혀 있다. 좋은 일자리를 얻기 어려워지면서, 그 여파가 교육에 대한 경쟁에 미치고, 가계에 교육비 부담이 증가한다.

혼자 사는 것은 결혼과 육아의 부담에서 벗어나는 것이다. 그렇지만 노후의 경제적, 사회적 불안에 시달리게 되는 경우가 많다. 사회적으로는 노인 복지를 책임질 세대의 부재로 인한 고령 사회가 가속화되면서, 저출산 고령화의 악순환을 낳는다. 인구절벽으로 인한 노후 불안은 미래에 대한 희망을 앗아가고, 이는 더욱 더 결혼과 출산을 멀리하게 되는 것이다.

저출산 문제의 이유를 따져 보면 그림과 같이 복잡하게 얽혀 있다. 보건의료와 보육 정책, 주거 문제 등의 정책요인뿐 아니라, 일자리와 교육 등 사회구조적 요인과 문화적 요인 등이 복합적으로 작용한다. 일자리 경쟁으로 학력 인플레이션이 발생하고 교육비 부담 증가와 취업 시기 지연으로 이어진다. 노동시장에서도 제한된 기회 구조로 인해 결혼 출산 시 고용불안정의 우려가 있다.

노동환경도 결혼과 임신, 출산과 양육에 우호적이지 않다. 치열한 경쟁과 이에 따른 장시간 근로관행, 양성평등에 미흡한 전통적 성별 관념 및 제도적 차별 등은 일과 가정의 양립에 부정적인 영향을 미친다.

〈그림 5〉 저출산 문제의 사회구조적, 문화적 원인진단

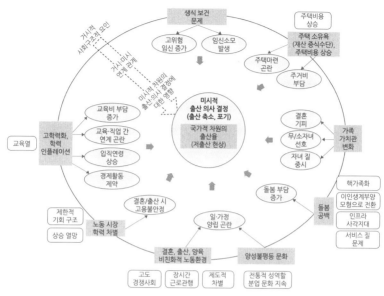

*자료: 이삼식, 대한민국의 인구정책, 현 구조와 발전 방향, 2019년 마포포럼

노동시장 구조의 문제로 결혼과 임신 시기를 늦추면서 고령 임신이 증가하는데, 임신 시기를 놓치면 임신이 어렵거나 건강상 위험이 증가한다. 아이를 낳더라도 걱정이 많다. 주택 마련은 점점 어려워지고, 주거비 부담은 증가하고 있다.

맞벌이 가정이 대세가 되면서, 아이를 돌보는 부담도 커질 수밖에 없다. 경제적 비용은 물론이고, 돌봄 서비스의 질도 불안하다. 이러다보니 가족 가치관도 변화가 생길 수밖에 없다. 결혼을 기피하고, 결혼을 하더라도 자녀를 많이 낳지 못한다. 이러한 복합적인 문제에 대하여 출산장려정책은 한계가 있을 수밖에 없다. 출산에 따른 1회성 지원금 때문에 아이를 낳을 부모는 거의 없다.

아이와 부모가 행복한 가정을 꾸릴 수 있도록 생애주기에 따른 정책의 연계가 필수적이다. 그러나 한국의 정책은 부서별로 쪼개져 연계가 제대로 되지 않고 있다. 보육원과 유치원의 정책이 따로 놀고, 고용정책과 일가정양립정책, 양성평등정책이 제각각이다. 보육정책은 보건복지부에서, 교육정책은 교육부에서, 일가정양립정책과 고용정책은 고용노동부에서, 양성평등정책은 여성가족부에서 담당한다. 저출산 관련 예산을 수십조원 쏟아 부어도 개선되지 않는 이유가 여기 있다. 모든 정책을 정부 부처가 아닌 수요자인 국민의 입장에서 펼쳐야 한다. 또 정부 부처간 쪼개져 있는 정책을 효율적으로 총괄하는 중심축을 두어야 한다.

2

행복한 가정을 위하여

개인과 가정의 행복이 국정목표가 되어야

행복이란 대부분 사람들에게 삶의 목적이라 할 수 있다. 따라서 정치의 목적도 국민들을 행복하게 하는데 두어야 한다. 박근혜 대통령은 대통령 취임사에서 '국민행복시대'를 내세웠지만, 국민을 행복하게 하지 못하고 탄핵되었다.

대한민국 국민들은 '성공한 나라'에 살고 있다. 역사적으로 어느 때보다 풍요롭고 민주적이며 평화로운 시대에서 살고 있다. 우리는 세계가 부러워할 정도의 경제성장을 이룩했으며, 민주화를 이뤄냈고, 질 좋은 문화를 누리고 있다. 이렇게 생활수준이나 국제적 위상은 예전에 비해 매우 높아졌음에도 불구하고, 많은 사람들이 사는 게 팍팍하고 행복하지 않다고 하는 것은 왜일까?

2017년 OECD '더 나은 삶의 지표'(Better Life Index)에 따르면 개개인의 삶의 만족도 측면에서 조사 대상 39개국 중 대한민국 순위가 30위다. 2016년 글로벌 리서치 기업 유니버섬(Universum)이 내놓은 '세계 직장인 행복 지수'(Global Workforce Happiness Index)에서는 세계 57개국 중 49위였다. 이외에도 여러 행복이나 삶의 질에 대한 지표에서 한국은 늘 OECD 최하위 수준을 기록한다. 이러고도 대한민국은 성공한 나라라고 할 수 있을까?

행복이란 주관적인 감정이기에 이에 대한 정의도 다양하다. 그중 가장 인기 있는 정의는 '주관적 안녕감(subjective well-being)'이다. 안녕(安寧)이란 평안하다는 의미인데, 즐거움보다는 오히려 특별한 사건이 없는 편안한 상태를 의미한다. 건강, 가족, 직장 등 다양한 분야에서 자기 삶에 만족하고 즐거움을 느끼는 상태가 행복이라 할 수 있겠다.

행복은 주관적인 만족감이기에 사람마다 다르다. 즐거운 순간순간이 반복되는 것을 행복이라고 생각하는 쾌락주의자의 행복도 있고, 자신이 정한 목표를 달성할 때의 느낌(성취감)을 행복이라고 여기는 사람도 있다. 가족이 잘 지내는 것에 만족하는 행복도 있고, 좋은 일이나 나쁜 일이 있더라도 평정심을 잃지 않는 것을 행복이라고 생각하는 사람도 있다. 이처럼 행복은 모두가 인생의 최고 가치로서 각각 다른 모습으로 추구하고 있으며, 시대와 사회에 따라 변화한다.

1995년 힐러리 클린턴 당시 미국 대통령 영부인이 그라민은행(빈민을 위한 소액대출은행)의 성과를 확인하고자 방글라데시를 방문했던 때의 일이다. 시골 여인들이 힐러리에게 "그런데, 아파(자매님), 당신은 암소가 있나요?" 하고 물었다.

힐러리는 "아뇨, 저는 암소가 없어요." 대답했다.

"그럼 소득은 있나요?"

"전에는 있었어요. 하지만 남편이 대통령이 된 다음에는 일을 그만뒀어요."

"애들은 몇이나 되나요?"

"딸 한 명이요."

가난한 시골의 여인들은 자기들끼리 중얼거렸다.

"불쌍한 힐러리! 소도 없고, 소득도 없고, 딸도 하나밖에 없다네."

힐러리는 가난한 농촌 여성들을 위로하기 위해 찾아갔지만, 여인들은 오히려 힐러리에게 연민을 보냈다. 그들은 자산을 가지고 있었고 소득이 있었으며 미래에 대한 꿈으로 자녀들을 여럿 키우고 있었기 때문이다.

한국인의 행복을 결정하는 요인에 관한 연구결과를 보면, 21개 행복결정요인 중 영향도가 가장 높은 것은 '가족(결혼)생활 만족도'였다. '가족의 건강수준'도 높았다. 이 외에도 영향도가 5%대로 높은 지표는 '자아 존중감 정도', '긍정적 가치관 및 감정', '본인의 주관적 건강수준', '부부생활(이성교제) 만족도', '자신의 모습에 대한 만족도', '가족원 관계 만족도', '현재 일 종류와 원하는 일의 일치성' 등 7개 지표였다.[1]

---

1) 김승권·장영식·조흥식·차명숙(2008). 한국인의 행복결정요인과 행복지수에 관한 연구, 한국보건사회연구원

행복을 결정하는 21개 요인 중 가족 관련 요인이 가장 높은 비중을 차지했다. 이제는 정치도 국민의 행복을 위한 정치가 되기 위해 노력을 해야 한다. 말로만 민생 정치라고 하지 말고, 정말 국민들의 삶의 질을 높일 수 있도록 해야 한다. 누구나 행복한 가정을 꿈꾸지만, 고달픈 삶에 치여 가정을 꾸리지 못하는 사람들이 많다. 이들을 행복하게 하고, 미래에 대한 희망을 주면 저출산의 문제는 저절로 해결될 것이다.

아이를 통해 가정의 행복을

아이는 가정에 웃음과 행복을 가져오며, 부모가 살아가는 중요한 이유이기도 하다. 부모들은 대부분 아이가 크는 모습에서 보람과 행복을 느끼고, 삶의 활력과 만족을 느낀다. 아이를 안 낳겠다고 하다가 뒤늦게 두 자녀를 얻은 한 엄마는 '출산은 인생의 전환점'이라고 말한다. 그녀는 주변에 애를 낳지 않겠다고 선언하는 여성이 있으면 이예 붙잡고 출산이 필요한 이유를 설명하는 전도사가 됐다. 그녀는 "남편과 내가 낳은 생명체가 걷고, 뛰고, 말하는 과정을 보는 그 자체가 기쁨이고, 부부 사이에 공유할 큰 추억이 매일 탄생하는 느낌"이라며 "무료했던 직장생활도 '아이에게 부끄럽지 않은 부모가 되겠다'는 마음에 이전보다 적극적으로 임하게 됐다"고 말했다. (동아일보, 2014.11.24)

행복을 추구하는 다양한 방식에 대한 존중도 필요하다. 행복한 가정의 전형으로 부모와 아이 두 명의 4인 가구의 모습을 많이 제시하지만, 젊은 층으로 갈수록 4인 가구의 모습을 찾기 어렵다. 결혼을 해도 무

자녀를 고집하거나 결혼을 거부하고, 싱글 라이프를 즐기는 가구도 늘고 있다. 이러한 선택이 자신의 삶의 질을 높이는 방식이라 생각한다.

그렇지만 아이를 갖고 싶어도, 고된 환경에 엄두를 내지 못하는 이들의 암울한 현실은 반드시 개선해 나가야 한다. 저출산 대책은 아이를 안 낳는 게 아니라 낳고 싶어도 못 낳는 부모를 위한 정책이며, 이를 통해 한 가정을 행복하게 만드는 것을 목표로 해야 한다.

공무원처럼 육아휴직 사용이나 경력 단절 위험이 적은 직종에서는 아이를 갖는데 대한 어려움이 덜하다. 그렇기에 공무원들의 출산율이 일반인들에 비해 두 배 이상이다. 세종시의 합계출산율은 전국 1위를 기록했다. 결국 가정의 행복과 사회의 지속가능성을 위해서, 아이를 갖기로 선택한 가정에서 걱정 없이 아이를 갖도록 하는 것이 정책의 목적이 되어야 하며, 그러기 위해서는 미래에 대한 희망을 줄 수 있어야 한다.

아이 키우기 좋은 행복한 나라

행복한 가정은 가족들의 노력이 중요하지만, 이를 뒷받침해주는 정책적 노력도 필수적이다. 아이 키우기 좋은 나라가 되면 가정의 행복 지수와 사회적 안정성은 훨씬 올라갈 것이다. 아이 키우기 좋은 나라를 만들기 위한 정책은 높은 우선순위를 두어야 한다. 이를 순서대로 보면 다음과 같은 정책이 필요하다.

첫째, 여성의 경력단절에 대한 우려를 해소해 주어야 한다. 한국의 여성고용률을 나이대별로 보면, 다른 나라와 달리 30대 여성의 고용률이 다른 연령대에 비해 낮은 M자 형을 나타낸다. 이는 30대 여성들이 출산과 육아 문제로 경제 활동을 하지 못한다는 의미이다. 이중에 원하지 않는 상황으로 경력이 단절되는 경우는 최소화할 수 있어야 한다.

둘째, 엄마들이 일을 하려면 보육 문제를 해결해야 한다. 돌보는데 많은 비용이 들고, 그나마 믿고 맡길만한 곳을 찾기도 어려운 것이 현실이다. 직장에 다니는 엄마들에게는 보육시설의 운영시간에 맞추는 것도 매우 힘들다. 사립유치원의 비리문제가 불거졌듯이, 보육시설 역시 정부지원금을 받고 있지만, 이에 관련해 해결되지 않은 문제들이 많다.

셋째, 과도한 사교육비 부담을 낮춰야 한다. 학생 수가 줄어들면서, 대학 정원은 줄었지만, 입시경쟁은 더욱 치열해지고 있다. 자녀의 수가 줄어든 만큼 더 신경을 쓰는 것인지, 경쟁이 더 치열해져서 아이를 안 낳는 것인지 악순환이 계속되고 있다.

높은 교육열이 나쁜 것은 아니다. 한국의 경제 발전의 원동력이 교육받은 양질의 노동력이라는 것은 이미 세계가 인정하는 사실이다. 그러나 문제는 과도한 입시 경쟁으로 인해, 부모가 개입해야 하는 등 공정성을 잃었다는 점이다. 교육에서 경쟁은 어느 정도 불가피하지만, 'SKY캐슬'식의 경쟁은 곤란하다.

넷째, 입시 경쟁에 대한 근본적 대책이 될 수 있도록 노동시장을 개혁해야 한다. 대학 입시를 위한 사교육 열풍의 이유도 따지고 보면, 좋은 일자리를 갖기 위한 경쟁이다. 소위 좋은 일자리라고 하는 공무원과 공기업, 대기업과 전문직의 일자리가 한정되어 있기 때문에, 이러한 일자리를 잡기 위해 좋은 대학에 진학해야 한다.

그런데 좋은 일자리라는 안정적 일자리는 주로 지대추구(地代追求, Rent Seeking)형으로, 사회에 비생산적인 경우도 많다. 공공부문처럼 독과점 방식으로 쉽게 이익을 얻는 지대추구 방식의 일자리가 안정성과 고수익을 보장하는 좋은 일자리가 되면 사회적 문제를 가져온다.

안정된 자리에서 높은 임금을 받으면 그것을 지키기 위한 노력을 하게 되고, 노동시장은 경직된다. 대기업-중소기업, 정규직-비정규직의 임금 격차 확대도 경직된 노동시장과 무관하지 않다. 노동조합은 점점 기득권을 대변하게 되고, 대기업 노조가 생산성을 뛰어넘는 수준의 임금을 요구하면, 그 부담이 하청 중소기업이나 비정규직으로 전가된다. 이런 식이면, 기업은 신규 고용을 꺼리고, 혁신을 추구하기 어려우니 활력과 역동성이 떨어질 수밖에 없고, 다시 좋은 일자리가 적어지는 악순환이 되어버린다.

다섯째, 주거 안정을 위한 정책이 필요하다. 가정의 행복을 위해서는 안정적인 주거가 필요하다. 부동산을 투자의 대상이 아니라 가족들의 보금자리가 될 수 있도록 해야 한다. 또한 저소득층에 대해서는 주거복지의 개념으로 최저주거기준 미달률 제로를 목표로 정책이 추진되어야 한다. 또한 주택 가격 상승의 원인으로 서울과 수도권 쏠림 현상을 들 수 있는데, 지역 균형 발전을 통해 이를 완화해야 한다.

마지막으로, 건강하고 안전하게 살 수 있는 나라가 되어야 한다. 가족을 보호하는 것이 국민을 보호한다는 인식으로 자살, 학교폭력, 가정폭력, 청소년 가출, 안전사고 등이 발생되지 않도록 정책의 초점을 맞추어야 한다.

우리 국민은 미세먼지 등 대기오염을 경기 침체나 저성장, 북핵 문제보다 더 불안하게 생각한다는 조사결과도 있다. 환경 문제를 비롯해 경제, 건강, 사회생활 등에서 불안을 느끼고 있다.[2] 고령화 시대와 사회적 관계 변화에 따라 정신건강을 예방하기 위한 다양한 정책도 필요하다. 스트레스를 감소시키도록 근무환경을 개선하고, 갑질 등을 근절하기 위한 노력도 필요하다. 이러한 정책들은 모두 우리 사회의 지속가능성을 높이기 위해 필요한 정책들이다. 교육-경제-일자리-복지 간의 선순환 체계를 구축해, 사회적, 경제적 지속가능성을 높이는 것이 미래에 대한 희망을 주고, 개인과 가정에 행복을 가져다 줄 수 있다.

---

2) 사회통합 실태 진단 및 대응 방안 연구(Ⅳ) - 사회문제와 사회통합, 보건사회연구원, 2017

복지제도 확충

포용적 복지는 개인과 가정의 행복과 사회 안전망

복지는 현대 국가의 역할 중 중요성이 점점 높아가고 있는 부분이다. 대한민국의 역대 정부들도 복지 강화를 위해 많은 노력을 기울였다. 김대중정부의 〈생산적 복지〉, 노무현정부의 〈참여복지〉, 이명박정부의 〈능동적 복지〉, 그리고 박근혜정부의 〈맞춤형 복지〉가 있었다. 각 정부는 나름대로의 복지 철학에 따라 다양한 복지정책을 수행하였다.

문재인 정부는 복지를 〈포용적 복지(Inclusive Welfare)〉라 규정하고 포용적 복지의 개념을 '경제성장의 과실을 어느 계층도 소외됨이 없이 누리는 상태'로 정의했다. '어느 계층도 소외됨이 없는, 보편주의와 사회통합이라는 철학적 함의를 내포하고 있다.

문재인 정부의 포용적 복지 개념이 등장한 배경은 우리 사회가 직면

하고 있는 어려움에서 비롯된다. 우리는 현재 잠재성장률이 지속적으로 하락하는 '저성장의 덫'과 '양극화 심화'라는 두 가지 어려움에 직면해 있다. 외환위기 극복 과정에서 고용유연화가 진행되면서 비롯된 정규직과 비정규직의 문제, 대기업과 중소기업 간의 문제 등은 고용안정성과 임금격차 등의 양극화를 심화시켜왔다. 이 과정에서 기존의 복지제도로는 수용하지 못하는 새로운 사회복지 사각지대가 생겼다.

문재인 정부는 복지철학의 이론적 토대가 된 〈새로운 대한민국의 구상: 포용국가〉에서 약자를 포용하고 함께 성장하는 포용국가가 '나라다운 나라'라고 역설하였다. 이를 위해 사회보장과 소득 분배, 노동의 경영 참가 등을 통해 포용성을 확대하고, 교육과 연구 개발, 적극적 노

〈그림 6〉 근로 형태별 사각지대 위험집단 현황

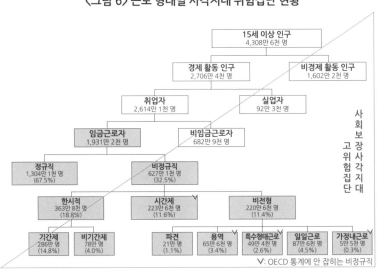

＊자료: 김미곤, 포용적 복지의 철학과 사회정책 추진방향, 2019년 마포포럼

동시장 정책의 활성화를 통해 혁신성을 끌어올려 지속가능한 혁신적 포용국가로 '거대한 전환'을 이룰 수 있다고 주장했다.

혁신적 포용국가의 개념은 정치, 사회, 경제, 외교 등 모든 영역에서 차별과 배제를 극복하고 포용성을 증진시키는 것이다. 이를 통해 국민들에게 공정한 기회, 기본적 권리, 최소한의 생활 기반을 보장하고, 각자 자신의 개성과 창의성을 발휘할 수 있는 진정한 의미의 자유를 확장하는 국가이다. 그 기반 위에서 다양성과 이질성을 변증법적 종합(포용과 초월)을 통해 새로운 집단적 창의성과 혁신 역량으로 전환하는 역동적 국가로 규정할 수 있다. 이는 널리 인간 세상을 이롭게 하는 홍익인간(弘益人間)의 이상을 실현하는 국가이다. 더불어 행복한 국민, 지속가능한 포용국가라는 비전을 달성하기 위한 4대 핵심 과제로 '포용

〈그림 7〉 혁신적 포용국가 이행 모델: 사회경제적 전환의 과제

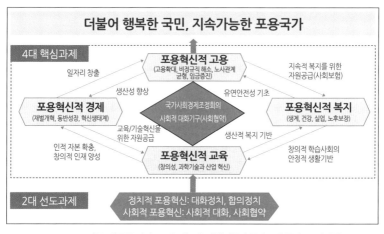

＊자료: 성경륭 외. (2017). 새로운 대한민국의 구상 포용국가. 21세기 북스. p. 71.

혁신적 경제 – 포용 혁신적 고용 – 포용 혁신적 복지 – 포용 혁신적 교육'을 선정했다.

혁신의 원리를 경제와 사회 전반에 걸쳐 적용하여 혁신 주체와 혁신의 대상 및 범위를 확장해야 한다. 혁신의 결과에서도 포용성을 높일 수 있도록 제도 설계가 필요하다. 포용성과 혁신성이 유기적으로 결합되어 작동하기 위해서는 정치, 경제, 사회, 노동, 대외 관계 등 국정운영의 제반 영역에 걸쳐 유연성이 보완 원리로 작동해야 한다. 사회문제들은 복합적으로 연계되어 있으므로 교육–경제–일자리–복지 간의 통합적 선순환 구조 정착이 중요하다.

지난 정부들의 성과가 보건복지제도 도입을 통한 복지국가의 기틀을 마련하는 것이었다면, 현 정부의 최대 과제는 사회보장 영역 간, 제도 간 연계성 강화 및 제도 체계화를 통한 '복지국가 체계'의 완결성을 높이는 것이다. 따라서 국가 정책의 목표가 경제성장에서 행복으로 전환되는 것은 '사람 중심'으로의 패러다임 변화이면서 하위의 경제정책, 노동정책, 복지정책 등도 이에 따라 전환되는 것을 의미한다. 국정 목

〈그림 8〉 사회문제의 메커니즘

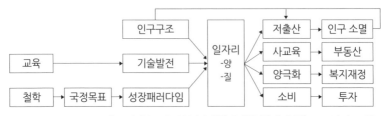

＊자료: 김미곤, 포용적 복지의 철학과 사회정책 추진방향, 2019년 마포포럼

표(행복) - 경제성장 패러다임(소득주도성장, 포용적 성장) - 노동시장에서의 일자리 부족과 이중 구조 개선 - 복지정책(포용적 복지)으로 이어지는 일관된 흐름을 통해서, 저성장과 양극화라는 거대한 문제에 맞서야 한다.

포용적 복지는 인본주의, 보편주의, 사회통합, 상생, 다양성에 대한 존중, 분배 정의 실현 등의 철학을 담고 있으며[3], 복지 정책의 기본방향으로는 사회안전망 확충과 생계비 부담 경감이 핵심이다.

사회안전망 구축의 핵심은 1) 복지사각지대를 축소하고, 2) 적정 급여 수준을 보장하는 것으로, 이를 위해서는 가계-시장-국가 간의 정책 조합이 필요하다. 저성장과 양극화 및 그에 동반한 기업의 비정형적 고용 관계의 출현으로 기존의 복지제도로는 포괄하지 못하는 새로운 사회복지 사각지대가 만들어졌다. 적정 급여는 형식적 사회안전망 구축을 넘어 사회의 '지속가능성' 위기를 감안한 실질적인 사회안전망 구축을 의미한다.

계층별로도 노령층과 청년, 아동에 대한 맞춤형 복지 정책이 필요하다. 한국 노년층의 빈부 격차는 매우 크며, 노인 빈곤 문제는 매우 심각하다. 노년층의 생활 안정을 위한 복지 정책이 우선적으로 검토되어야 한다. 또한 '희망 빈곤' 상태에 놓여 있는 청년 문제에 대한 대책, 육아 비용에 대한 부담을 지고 있는 부모들에 대한 대책도 필요하다.

---

3) 포용적 복지국가 비전과 정책방향, 김미곤 외, 2017

기본소득제에 대한 논의

다양한 복지 제도에 대한 논의에서 빠지지 않는 것이 기본소득제이다. 4차 산업혁명에 따른 일자리 감소, 보편적 복지제도의 유용성 등에 따라 재산이나 소득의 유무, 노동 여부나 노동 의사와 관계없이 사회 구성원 모두에게 최소생활비를 지급하는 기본소득제에 대한 관심이 높아지고 있다.

기본소득이란 모든 사회구성원의 적절한 삶을 보장하기 위해 정치공동체가 모든 구성원에게 가구가 아닌 개인 단위로(개별성), 자산에 관련 없이 조건을 만족하는 모두에게(보편성/범주 보편성), 노동의무조건 등이 없이(무조건성), 정기적으로(정기성) 지급하는 현금(현금성)이다.

저소득층을 지원하는 기존 복지제도는 자격심사 과정에서 오는 낙인효과와 행정비용 발생, 노동 유인의 감소 등의 부정적 영향을 미쳤다. 기본소득 제도는 이러한 단점을 개선한다. 4차 산업혁명으로 인한 일자리 감소와 양극화의 심화에 정규 고용관계에 근거한 기존의 사회보장체제로는 한계가 있다는 예상에서 기본소득에 대한 논의는 계속 진행 중이다.

복지의 확대는 시대적 과제이지만 복지를 늘리기 위해서는 증세 또한 필연적이다. 그러나 저소득층을 위한 복지 확대를 위한 중·고소득층의 증세는 조세저항을 유발할 뿐이다. 기본소득은 복지와 증세를 조화한다는 점에서 중산층을 위한 복지로 불리기도 한다. 이는 저소득층에 집중해서 복지를 주는 나라일수록 (중산층의 조세저항으로) 저소득층에게 적은 금액이 분배된다는 "재분배의 역설(Korpi & Paime, 1998)"을 극복하는 방안이기도 하다.

기본소득이 모든 사회구성원에게 지급된다면 사회 문제 해결에 도움이 될 것인가? 우선 최소한의 삶을 재량껏 누릴 수 있는 물질적 조건이 마련되면, 소비가 어느 정도 늘어 경제가 좀 더 원활하게 돌아갈 수 있을 것이다.

기본소득의 재원을 어떻게 마련하느냐에 따라(소득세, 자본 이득세 같은 경우) 소득 재분배 효과가 있다. 뿐만 아니라 기본소득으로 인해 사람들이 더 적게 일하고, 더 많은 시간을 아이를 돌보거나, 문화 활동이나 정치 활동 등에 쏟을 것이다. 그러면 가정의 행복과 문화 융성, 민주주의의 확장에도 도움이 될 것이다.

기본소득은 노동시장에도 긍정적 효과를 줄 것이다. 기본소득이 보장되면 실패에 대한 위험 부담을 덜 수 있으므로, 창업 등 혁신을 더 자유롭게 추구할 수 있다. 또한 창업을 위해 학습하고 준비하는 기간을 충분히 가질 수 있으며, 창업 후 수익이 나기까지의 기간, 곧 '죽음의 계곡(death valley)' 기간을 버틸 수 있다. 이밖에 사회적 기업이나 귀농귀촌 등도 활성화될 가능성이 높다. 노동자의 입장에서는 기본소득 덕분에 노동시간 단축에 따른 임금 삭감을 보전할 수 있기에 장시간 근로를 회피할 수 있으며, 이는 근로자의 삶의 질 향상과 일자리 나누기 등의 긍정적 효과를 가져 올 것이다.

그러나 재원 마련의 문제나 노동유인 효과 등에 대한 반대의 목소리도 만만치 않다. 우선 기본소득을 위한 재원이 막대하기 때문에 재원조달이 어렵다는 것이 가장 큰 반대 이유이다. 그런데 비용 문제는 기본소득을 얼마를 주느냐에 따라 달라지는 정치적 의사결정에 따른 문제이다. 또 다른 반대는 일하지 않는 게으른 자들까지 기본소득을 지급하는 것이 불공정하다는 것이다. 이에 대해서는 아무런 기여 없이 거액의 상속을 받는 것에 비추어 불공정하지 않다는 반론도 있다.

분명 기본소득이 실현된다면 긍정적인 효과를 가져 올 것이다. 하지만 아직 다수가 기본소득을 지지하지 않는다. 낯설기 때문일 것이다. 소득이란 일한 대가로 돌아오는 것인데, 아무 조건 없이 기본'소득'을 지급하는 것은 납득할 수 없다는 것이다.

그러나 모든 사회구성원이 적절한 삶을 누릴 수 있도록 하기 위한 방법으로 기본소득에 대한 논의와 실험은 계속되고 있다. 이는 어느 정도 효과가 증명되고 있다는 의미로 받아들일 수 있다. 나미비아(2008-2009)나 인도(2011-2013), 핀란드(2017-2018) 등에서 진행한 기본소득에 대한 실험 결과는 소득 증가 등 긍정적인 효과가 있는 것으로 나타났다.

한국에서도 청년배당제도를 비롯해 소득에 상관없이 아동수당을 지급하는 등 기본소득이 현실 정책의 영역에 등장하였다. 이제 기본소득제는 보편적 복지 제도의 핵심 방안이 될 것으로 예상된다. 그러나 기본소득은 기존 복지제도의 패러다임 전환이므로 세심한 준비와 설계가 필요하다. 한번 시작한 복지 정책을 중간에 그만두는 것은 매우 어렵다.

　기본소득제는 이제 찬반의 문제보다 구체적으로 어떤 모델을 만들 것인가가 중요하다. 재원을 어떻게 마련할 것인지, 기존의 복지제도들과 어떻게 통합할 것인지 등 의사결정 과정에서 사회적 대립이 발생할 수밖에 없기에, 장기적 관점에서 충분한 논의가 필요하다.

4

인구와 일자리

1. 인구구조 변화라는 시한폭탄

대한민국은 현재 어느 나라도 경험하지 못했고, 향후에도 경험하지 못할 저출산율과 고령화 속도를 나타내고 있다. 생산가능인구는 이미 감소하기 시작했고, 총인구가 감소하는 시기도 곧 닥칠 것이다. 사망자 수가 출생자 수보다 많은 인구의 '데드크로스(dead cross)'가 예상보다 훨씬 빠른 2019년부터 시작되었으며, 대한민국의 총인구는 2044년 5천만 명, 2066년에는 4천만 명 이하로 감소할 것으로 예측된다.

이러한 인구구조 변화는 엄청난 사회경제적 파급효과를 일으킬 것이다. 학생 수 감소와 농촌의 공동화 현상 등은 이미 진행 중이다. 고령 인구 증가에 따른 의료비 부담과 사회보장비 급증, 성장 잠재력의 둔화와

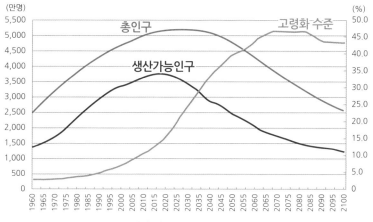

<그림 9> 대한민국의 인구변동 추이

* 자료: 이삼식, 대한민국의 인구정책, 현 구조와 발전 방향, 2019년 마포포럼

노동력 부족 등도 곧 닥칠 것이다. 그러나 대책은 너무나 미흡하다. 인구구조의 변화가 당장 문제가 되는 것이 아니기 때문이다. 정책 담당자들도 내 임기 이후의 일이라 생각하는 건 아닌지 우려된다.

인구구조의 변화에 대응할 수 있나?

인구 변동은 급격하게 이루어지지 않는다. 인구의 변동은 출산과 사망, 인구 이동(이민)으로 이루어지는데, 출산율이나 사망률을 갑자기 크게 변화시킬 수는 없다. 이민 정책 역시 사회적 합의가 필요한 부분이라 갑작스런 정책 추진은 어렵다. 그렇기에 인구 정책은 10년 앞을 내다보는 장기적인 대책이 필요하다.

인구 변동 요인으로서의 출생, 사망, 이민 요인을 각각 살펴보자.

한국의 합계출산율은 2018년 0.98명으로 세계 최저 수준이다. 합계출산율은 한 여성이 가임기간(15~49세)에 낳을 것으로 기대되는 평균 출생아 수를 의미한다. 일반적으로 인구를 유지하는 인구대체 수준을 2.1명으로 본다. 한국의 2015~2018년 합계출산율은 평균 1.11명으로 전 세계에서 최하위를 기록했다. 특히 2018년에는 합계출산율이 1명 이하로 내려가는 초유의 현상이 나타났다. 이제는 가임여성 인구가 감소하고, 희망자녀수도 감소하면서 점점 더 출산율을 올리기 힘든 저출산의 덫(trap of low fertility)에서 더욱 헤어나기 어렵게 되었다.

한국의 평균 수명은 계속 증가하여 82.7세 정도다. 세계에서도 상위권에 속한다. 고령 인구의 증가는 사회와 국가에도 큰 영향을 미친다. 당사자는 노후의 경제적 불안정과 사회적 소외감, 건강 문제에 대한 불

〈그림 10〉 대한민국의 출산률 수준

* 자료: 이삼식, 대한민국의 인구정책, 현 구조와 발전 방향, 2019년 마포포럼

안감이 크다. 사회적으로는 활력을 잃고 세대 간 갈등이 커진다. 빈곤 노인들이 증가하면서 사회안전망 강화에 대한 목소리도 높다.

인구 이동(이민)은 경제상황이나 국제관계, 정치 등의 종합적인 여건에 따라 결정되는데, 이에 대한 사회적 합의는 부족한 실정이다. 국제결혼과 다문화 가정, 이주 노동자 증가 등 이미 인구 유입이 시작되고 있다. 그렇지만 아직도 혈통주의나 사회통합 비용 등의 우려, 난민이나 불법체류자 관련 정책 등에 급격한 정책 변화는 쉽지 않을 것으로 예상된다.

출산과 사망, 이민의 측면을 종합해 볼 때, 인구 감소와 고령화 추세를 되돌리기는 어려워 보인다. 그렇다면 추세를 받아들이고, 적응해 나가는 정책도 필요하다. 예를 들면, 노후의 가장 큰 위험요소는 건강 문제이다. 오래 사는 것보다 건강하게 사는 게 더 중요하다는 관점으로, 보건의료 정책의 초점을 사후 치료 중심에서 사전 예방 중심으로 전환하는 것이 필요하다. 노인 계층의 사회 참여를 활성화해서 소외나 배제, 자살이라는 극단적 선택을 하는 것을 방지해야 하고, 노인 안전에 신경을 기울여, 한국이 OECD국가 중 노인자살률 1위, 노인교통사고율 1위라는 불명예를 떨치도록 하는 노력도 필요하다.

인구구조의 변화라는 국가적인 문제에 대한 지금까지의 정책적 대응 노력은 아쉬운 수준이다. 이제는 출산을 장려하는 기존의 인구조정정책에 더하여, 추세를 받아들이고 이에 대응하는 정책도 필요한 실정이다. 인구대응정책은 인구 변동에 의한 부정적인 영향을 극복하거나 완화하기 위한 각종 사회정책, 경제정책 등을 포괄한다. 즉 저출산 고령화라는 인구구조 변화를 대세로 인정하고, 이에 적응해서 살기 위한 지속가능한 정책이 오히려 더욱 필요하다.

인구구조 변화에 따른 국가적 과제

인구구조의 변화는 많은 국가적, 사회적 난제를 불러온다. 연금/건강보험 재정 등 사회보장의 부담 확대, 학령인구 감소에 따른 교육 기관에 대한 대책, 국방인력 부족에 대한 대응, 저성장 구조와 내수시장의 위축, 지방 소멸, 노동력 부족에 대한 우려 등 모두가 중차대한 문제들이다. 이에 대한 각각의 대책이 논의되고 있으나, 장기적이고 통합적인 고려가 필요한 실정이다.

건강보험과 국민연금 등 사회보장 재정의 문제는 저출산 고령화의 타격을 가장 직접적으로 받으면서 세대 갈등을 야기하는 문제이다. 국민연금이 현행대로 운영될 경우 2057년에는 적립기금이 고갈될 것이라는 전망도 나오고 있다. 현재 보험료율과 소득대체율의 조정 등 연금 개혁에 대한 논의가 진행되고 있지만, 적립금 고갈 시기를 얼마나 늦출 수 있는지의 문제일 뿐이다. 국민연금이 '용돈연금'이 된다고 소득대체율을 올려야 한다는 주장이 있는 반면, 젊은 세대들에게는 보험료 폭탄이 된다는 반대 주장도 팽팽하다. 건강보험 역시 고령화에 따른 지출 증가로 재정수지는 계속 악화될 것으로 예상된다.

사회보장제도의 원조 격인 독일 비스마르크의 연금제도는 설계 당시 평균 연령이 49세였다. 한국의 국민연금제도 역시 인구 증가를 염두에 두고 설계한 제도이다. 출산율이 높았던 1960년대 이전 세대는 본인이 낸 돈보다 더 받아가는 구조다. 따라서 연금 개혁은 어떻게 추진하든 세대 갈등이 생길 수밖에 없다.

이처럼 저출산고령화 추세가 계속되는 한 사회보장 재정 문제는 근본적 한계가 있다. 소득대체율이나 보장제도의 조정과 함께 현재와 같은 적립금 제도를 유지해야 하는지, 국가재정으로 운영하는 기초연금과의 역할 분담을 어떻게 할지 등에 대해서도 검토가 필요하다.

출생자 수 감소에 가장 먼저 영향을 받는 곳이 학교 등 교육 부문이다. 대학입시 경쟁은 치열하지만, 학생 모집을 못해서 폐교 위기에 놓인 대학들도 많다. 이미 대학 입학 정원은 고교 졸업자 수보다 많은 실

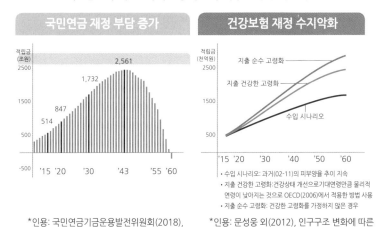

〈그림 11〉 주요 사회보장기금의 재정수지 추이 전망치

국민연금 재정 부담 증가

적립금 (조원)

2,561
1,732
847
514

'15 '20 '30 '43 '55 '60

*인용: 국민연금기금운용발전위원회(2018),
제4차 국민연금재정계산

건강보험 재정 수지악화

적립금 (천억원)

지출 순수 고령화
지출 건강한 고령화
수입 시나리오

'15 '20 '30 '40 '50 '60

• 수입 시나리오: 과거(02-11)의 피부양율 추이 지속
• 지출 건강한 고령화: 건강상태 개선으로 기대연령만큼 물리적 연령이 낮아지는 것으로 OECD(2006)에서 적용한 방법 사용
• 지출 순수 고령화: 건강한 고령화를 가정하지 않은 경우

*인용: 문성웅 외(2012), 인구구조 변화에 따른
건강보험 수입지출 구조변화와 대응방안

*자료: 이삼식, 대한민국의 인구정책, 현 구조와 발전방향, 2019년 마포포럼

정이다. 교육부도 대학 평가를 통해 대학 정원을 감축하는 정책을 펴다가 결국 포기한 듯하다. 학생 수가 줄면서 많은 대학들은 재정난에 허덕인다. 그 결과로 대학 교육의 질적 하락이 이루어지고 있어서 구조조정이 시급한 실정이다.

초중고교 역시 학생 수 감소에 따른 문제가 많다. 특히 지방의 경우는 학교의 존립 자체가 문제가 되어, 지방 소멸을 가속화시키는 요인이 된다. 또한 학년 또는 학급당 학생 수가 1,2명이면 수업 진행이 되지 않고, 학생들의 사회화 교육이 어려워진다. 학교의 운영 방식이나 수업 방식, 교원 임용 정책 등 시급하게 검토할 과제가 많다.

저출산이 20년 이상 지속되면 국방 분야의 인력 수급도 크게 영향을 받는다. 저출산 심화로 병역 대상인 20세 남자인구가 2017년 35만 명 수준에서 2022년 이후 22만~25만 명으로 줄어들면 현역병이 연평균 2만~3만 명가량 부족할 것으로 추산된다. 군 복무기간 단축까지 이루어진 상황에서 병력 수를 유지하기는 힘들어질 수밖에 없다. 따라서 병력 규모보다 군사력을 질적으로 유지, 강화할 수 있는 방안을 모색해야 한다.

정부는 감소하는 병역인력을 효율적으로 활용하는 방식으로 의무경찰·해양경찰·의무소방대원 등 전환복무요원과 전문연구요원·산업기능요원 등 대체복무요원을 줄여 현역병으로 충원하는 방안을 검토해 왔다. 또한 여군 활용 확대 방안이나 부사관 임용제도 개편, 귀화자의 병역 의무화 등에 대해 검토한다고 밝혔다.

병사의 숫자가 적다고 군사력이 약해지는 것은 아니다. 군 장비의 첨단화, 부사관 중심의 군 인력의 전문화, 병사들의 비전투 분야 축소와 전투력 집중 훈련 등 전력 유지 방안에 대한 논의와 함께, 적정한 병력 규모나 모병제 도입 등에 대한 논의도 필요하다.

지방소멸을 막기 위한 지역균형발전

인구 감소에 지방이 직격탄을 맞고 있다. 이웃나라 일본은 이미 지방소멸을 경험 중이다. 한국도 곧 닥쳐올 위기를 실감하고 있다. 한국의 수도권 집중률은 50%에 달하는 반면, 지방에는 '노인과 공무원밖에 없다'는 말이 나올 정도이다. 이러한 지방 소멸은 지방자치단체, 교육제도, 경제 및 일자리, 병원이나 쇼핑 등의 편의시설, 여성과 자녀 양육 문제, 공공정책, 고용과 안전보장, 도시계획, IT 인프라, 사회복지서비스, 환경 등 수많은 문제를 일으킨다. 지방 소멸은 어쩌면 인구 감소의 폐해를 그대로 보여주는 사례가 될지 모른다.

지방 소멸의 문제는 지역 문제가 아니다. 국가적 문제이다. 한국의 인구밀도를 고려할 때, 규모보다 인구 감소의 속도와 지역별 차이가 더 큰 문제가 될 수 있다. 지방이 소멸하고, 수도권만 살아남는 것은 국가의 생존이나 우리 사회의 지속가능성에 치명적인 문제를 야기한다. 인구가 줄어드는 각 지자체들이 세수 부족으로 기본적인 공공서비스마저 자체적으로 제공하지 못하고 있다. 그야말로 악몽이다.

정부도 상황의 심각성을 인식하고 지역 균형발전을 위해 많은 노력을 기울이고 있다. 대통령직속 국가균형발전위원회를 설치하고, 공공 부문의 지방 이전이나 지방 혁신도시 육성 등의 정책을 추진하고 있다. 그러나 지방에 괜찮은 일자리가 없으면, 사람들은 일자리가 몰려있는 수도권으로 떠날 수밖에 없다.

정책의 우선순위로 보면, 행정구역의 개편 등 특단의 대책이 필요해 보인다. 행정구역 개편은 지자체 선거나 지역의 자존심 문제 등이 복합적으로 얽혀 풀기 어려운 문제이다. 그렇다면, 지역별 거점 도시 육성이나 생활권에 따른 행정구역 개편, 행정구역 광역화를 통한 중복투자 감소 등 지역 주민들의 생활 편의와 예산 사용의 효율성을 높일 필요가 있다. 지방의 소멸은 해당 지방만의 문제가 아니라, 사회 전체에 부담이 되기 때문이다. 문제가 더 커지기 전에 시급히 대책을 마련하고 실행해야 한다.

2. 인구구조 변화에 따른 노동시장 개혁

일자리 부족에서 노동력 부족의 시대로

저출산 고령화는 노동시장에도 중대한 영향을 미칠 수밖에 없다. 2030년경에는 노동력이 부족해질 것으로 예상된다. 4차 산업혁명으로 인한 일자리 감소가 예견되지만, 총량적으로 2030년 이후 노동력 부족 현상은 심화될 수밖에 없다.

일자리 구하기가 어려운 현 상황에서 어찌 보면 좋은 소식일 수도 있겠지만, 노동력 부족 시대에 대한 대비는 필요하다. 노동력 부족을 충원할 수 있는 방안은 크게 여성 고용, 외국인 고용, 고령자 고용의 세 갈래로 볼 수 있다.

여성 고용은 일과 가정의 양립 정책을 통해 고용률을 더 높일 수 있

〈그림 12〉 대한민국 여성고용율과 스웨덴과의 비교 (2016)

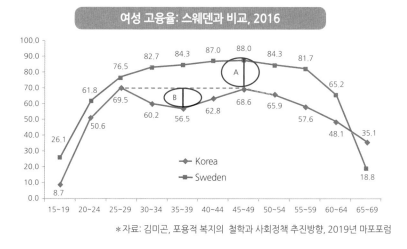

＊자료: 김미곤, 포용적 복지의 철학과 사회정책 추진방향, 2019년 마포포럼

다. 한국과 스웨덴의 여성 고용률을 비교해 보면, 한국은 출산과 양육의 시기인 30대의 고용률이 낮은 M자 형태를 보이고 있는데, 일과 가정의 양립 정책을 통해 이를 극복할 수 있을 것이라 기대된다. 또한 여성의 조기 퇴직 문제를 해결하면, 50대의 고용률을 향상할 수 있다.

현재도 외국인 고용으로 3D 업종에서의 노동력 부족을 해결 중이다. 좋은 일자리는 부족한 반면, 어려운 일을 기피하는 일자리의 미스매칭으로 인해, 외국인 이주 노동자의 역할은 커지고 있다. 이주노동자에 대한 취업비자 정책이나 이민 정책에 대해서는 사회적 합의 문제 등으로 인해 급격한 변화가 있을 것으로 예상되지는 않는다.

가장 중요한 부문이 바로 고령자 고용이다. 현재도 퇴직한 중장년층이 재취업이나 창업 과정에서 겪는 어려움이 매우 큰 편이며, 정년 연장을 바라는 목소리는 매우 높다. 특히 기대 수명은 증가하는데 연금 수급 연령이 높아지면서 정년과 연금 수급 연령 사이의 크레바스가 존재한다. 정년 연장은 취업을 준비하는 청년층들의 일자리 사정을 악화시키는 세대 갈등의 원인이 되므로, 까다로운 논의 주제이다. 그러나 10년 뒤 인 2030년 노동력 부족을 생각하며 이에 대한 논의를 시작할 필요가 있다.

고령인력 활용을 위한 논의와 제도 개선

한국은 세계에서 가장 급속하게 고령화가 진행되는 나라이다. 노인 문제에 있어서도 매우 특이한 통계치를 보이고 있다. 노인 고용률은

65~69세 45.5%, 70~74세 33.1%로 OECD국가들 중 가장 높은 반면[4], 노인의 상대적 빈곤율은 43.7%이다. 역시 가장 높은 수치를 나타내고 있다. 길거리에서 목격하게 되는 '폐지 줍는 노인'이 상징하듯이 적은 돈이라도 벌어야 하는 노년층이 그만큼 많다는 것이다.

고령화 문제에 대해서는 우리보다 몇 년 앞서 경험을 했던 일본을 타산지석으로 삼을 필요가 있다. 일본은 세계 제2차대전 이후 태어난 '단카이 세대'라는 베이비붐 세대의 퇴직에 대비하고자 2006년 '고연령자 고용확보조치'를 의무화했다. 목적은 나이와 상관없이 계속해서 일할 수 있는 생애현역사회를 실현한다는 것이었다. 이에 따라 일본 기업들은 '정년 폐지', '정년 연장', '계속 고용제도' 중 하나를 의무적으로 선택해야 했다. 일본은 2013년 65살로 정년을 연장한 데 이어, 최근에는 70살까지 연장하는 방안을 논의하고 있다.

또한 기업의 고령자 고용증진 및 전력화 경영 개선을 위해 고령자에 대한 교육훈련이나, 청년과 노인의 단짝(pair)노동 능력의 개발, 고령자의 신체적 정신적 부담 경감 등의 직장 환경 개선 활동, 고령자 건강관리나 복리후생, 안전위생관리 등의 후속 조치들을 취했다.

한편, 미국이나 영국은 연령에 따른 고용 차별이라는 이유로 정년을 정해놓지 않았다. 프랑스나 네덜란드 등에서는 연금수령시기만 법으로 규정하고 있으며, 정년은 관행적으로 '연금을 받기 시작하는 나이'

---

4) 농민을 포함한 자영업자의 비율이 높다는 점이 그 원인이라 볼 수 있다.

를 의미한다.[5]

우리도 정년연장에 대한 논의가 진행되고 있다. 2019년 서울 시내버스 노사협상에서도 임금인상률보다 정년연장이 더 큰 요구사항이었다. 결국 만 61세인 정년을 2020년 62세, 2021년 63세로 늘리기로 합의했다. 정부도 60살 이상 고령 노동자를 재고용하는 기업에 인센티브를 제공하겠다고 발표했다.

급격한 고령화는 사회적인 부담인 동시에 개인에게도 경제적인 어려움으로 작용할 가능성이 크다. 특히 정년으로 근로소득이 끊기는 시점과 국민연금 등 복지혜택을 받는 시점 사이의 소위 '소득 크레바스(소득이 끊기는 시기)'가 있다. 60세였던 국민연금 수급 시점이 2013년부터 5년마다 한살씩 상향 조정돼 2033년까지 65세로 올라가기 때문이다.

정부의 입장에서는 고령자 비율의 급격한 상승은 복지 지출 부담의 급증을 의미한다. 정년이 연장될 경우 이에 연동해 국민연금 수급 나이를 높일 수도 있고, 그대로 유지해 소득 크레바스를 없앨 수도 있다. 정년이 연장될 경우 노인 연령 기준을 상향 조정해야 한다는 의견에도 힘이 실린다. 노인복지법에는 '노인(경로우대 대상)'을 65세로 규정하고 있다. 이 기준은 1964년에 정해졌다. 정년 연장을 통해 노인 기준을 70세로 상향하여 복지비 부담을 절감하는 방안도 필요할 수 있다.

---

5) 고령화에 따른 기금 운용의 부담 등을 고려해, 두 나라는 연금수급 연령(정년)을 65살에서 67살로 상향 조정했다.

그러나 정년연장 논의가 시작됐다고 해도, 실제 법이 통과하기까지 얼마나 걸릴지는 예측하기 어렵다. 현재의 '60세 정년'은 '고용상 연령 차별금지 및 고령자 고용촉진에 관한 법률'에 규정되어 있다. 2014년에 법을 통과했고, 시장에 미치는 충격을 고려해 2년 후인 2016년부터 시행되었다.

법적 정년은 기업들이 노동자를 최소한 고용해야 하는 연령의 하한선을 규정한 의무이다. 노동자에게는 나이를 이유로 노동할 권리를 제한하는 것이지만, 기업에는 인건비 부담과 함께 인적 자원관리의 자율성을 침해하는 것이다. 정년 연장은 고령화에 따른 사회적 비용을 고령 노동자가 근로소득을 계속 확보해서 해결하는 것인데, 기업의 인건비 부담만 늘어나면 전체 국민 경제에 부정적으로 작용할 가능성도 있다.

정년 연장 논의에 가장 문제가 되는 것은 청년 세대와의 '세대 간 일자리 경쟁'에 대한 우려이다. 한정된 일자리를 두고 은퇴하는 부모 세대와 자녀 세대가 경쟁하는 구도가 될 수 있다. 가장 큰 문제는 정년 연장이 고용안정성이 높고 임금이 높은 '좋은 일자리'에만 혜택이 돌아갈 가능성이다. '대기업 정규직'으로 대표되는 좋은 일자리들은 강력한 노조에 의해 보호를 받는 경우가 많기 때문이다.[6]

---

6) 석재은·이기주 한림대 교수는 '베이비붐 세대와 정년연장 혜택의 귀착' 논문에서 "베이비붐 세대 가운데 정년연장 혜택을 받을 수 있는 비율은 상근·정규직 가운데서도 11.4%에 불과하다"며 "고학력·남성·공공기관 등 안정적인 고용 집단에 효과가 집중돼 격차가 확대될 가능성이 있다"고 분석했다. (한겨레, 2019.06.08 '65살 정년'연장은 세대·노사 얽힌 고차방정식)

정년연장 논의 속에는 청년층 일자리 감소에 대한 우려와 같은 세대 갈등 가능성, 노조의 요구와 기업에 미치는 부담 등 노동과 자본의 대립 가능성이 함께 숨어 있다. 따라서 사회적 대타협이 필요하다. 특히, 정규직과 비정규직의 차별이 명확한 고용구조와 근속연수에 따라 임금이 올라가는 연공급 임금 체계 등을 바꾸는 노동시장 개혁은 정년 연장 논의를 위한 기본적 전제 조건이다.

정년 연장 논의의 선행 조건은 노동시장 개혁

우리는 지금 저성장, 저금리, 저물가가 지속되는 '뉴 노멀(New Normal)의 시대'에 살고 있다. 이는 2007-2008년 세계 금융위기와 이후의 경제침체 기간 동안 만들어진 새로운 경제적 상황이다. 최근 경제성장률이 2%대로 낮아졌지만, 선진국에서는 일반적인 성장률로 받아들인다. 외환위기 이전에 누렸던 5% 이상의 고성장 시대는 다시 경험하기 어려울 수도 있다. 그 시대에는 합계출산율도 2명 이상으로 양질의 노동력을 충분히 공급했다. 기술 변화 속도도 상대적으로 느렸다. 한번 배운 지식과 기술로 은퇴시기까지 활용할 수도 있었다.

이제는 새로운 환경에 적응해야 한다. 경제성장률은 낮아졌고, 기술 변화의 속도는 매우 빠르다. 저출산 고령화 추세는 노동시장에 커다란 파급효과를 가져온다. 그래서 고성장 시대에 만들어진 노동 현장의 인적자원관리 방식도 큰 변화를 피할 수 없다.

노동시장 개혁의 이슈는 노동시장의 유연성과 임금의 배분 문제이다. 수요 변화에 따른 노동자들의 재배치와 사회안전망 강화, 전직 지원, 생산성 유지 대책 등을 포함한다. 인구구조 변화와 정년 연장에 대한 논의의 핵심은 임금체계에 대한 것이 될 수밖에 없다.

한국의 임금체계는 연차에 따라 급여가 오르는 연공성이 상대적으로 높다. 초임대비 30년 근속자 임금이 3.72배로 EU의 1.69배, 일본의 2.26배이다. 1960년대 근로자의 연령이나 근속에 따라 보상 수준을 결정한 이래, 연령과 경력 중심의 호봉제가 유지되어 왔다. 과거 고도 성장기에는 연공급이 '장기근속'을 유도하고, '숙련도'를 축적하는 등의 장점이 있었다. 1987년 이후 노조의 힘이 강해지면서 인사평가에 의한 차등보다 일률적인 인상/승급이 이루어졌다.

IMF 외환위기 이후 연봉제가 확산되었나. 그렇지만 내부분 기존의 연공급형 기본급에 일부 성과급을 추가하는 변형된 연봉제였다. 개인의 능력과 성과에 따른 연봉제라고 보기 어렵다. 성과에 따른 보상보다 연령/경력에 따른 보상의 의미가 크다 보니, 연령별 역량과 보상 수준의 차이가 크게 나타난다. 젊은 세대들은 역량이나 성과에 비해 적은 보상을 받는 반면, 시니어 세대는 그 이상의 보상을 받는다.

임금 제도는 노사관계처럼 경제 및 노동시장 환경이나 사회적 환경 등의 영향을 받으면서 개별 기업의 자체적인 지불 능력 등 여러 가지 요인에 의해 결정된다. 따라서 각 국가별로 중요시하는 요인들이 다르다. 서구 국가들은 중세시대 길드로부터 형성된 직종 노동시장의 영향으로 직무의 가치를 중요시하는 경향을 가지고 있다. 반면에 일본이나 한국의 경우는 직무보다 사람 중심의 업무 요인이 많은 탓인지 직무급제의 확산이 더딘 편이다.

일본은 전후 생활 안정이 중요하던 시기에는 연공급 성격의 임금제도를, 이후 고속 성장으로 근로자의 역량이 중요하던 시기에는 직능급제도를, 그리고 버블경제 붕괴 후 저성장 시대에는 역할급 임금 제도를 운영하였다. 또한 임금제도에는 노조가 중요한 파트너의 역할을 수행한다. 미국의 경우는 경영진의 자의적인 직무가치 판단을 막기 위해 근로자들이 먼저 직무급제를 주장하기도 했고, 독일은 직종별 노동조합의 전통과 결합되어 숙련도를 중시하는 직무급제가 확산되었다.

이처럼 어떤 임금체계가 나은지에 대한 정답은 없다. 상황에 따라 적합한 임금체계를 선택하는 것이다. 그런데 이제 4차 산업혁명, 저성장의 고착화, 저출산에 따른 노동력 공급 감소 등 노동시장을 둘러싼 중대한 환경 변화가 나타나고 있기에 적합한 노동시장의 개혁이 필요하게 되었다.

특히 사람 중심의 연공급제는 순환근무 등으로 직무 전문성의 축적이 쉽지 않은 구조이다. 관리 역량을 강조하다보니 재직자의 직무 역량은 빨리 쇠퇴하는 경향이 있다. 연공급에 따라 급여는 올라가는데 생산성이 따르지 못하면 퇴출 압력을 받을 수밖에 없다. 일부 조직에서 도입하고 있는 임금피크제도 직무급제 관점에서 보면 합리적인 제도라기보다 나이에 따라 임금을 삭감하는 차별적 제도일 뿐이다.

이런 상황에서 정년 연장을 논의한다는 것은 무리이다. 결국 임금제도를 비롯한 노동시장의 공정성이 확립되지 않으면, 정년 연장 등은 실행이 불가능하다. 동일노동 동일임금, 연령이나 성별에 따른 차별 금지, 나이가 아닌 직무/성과/역량에 따른 보상 수준 결정을 비롯한 노동시장 구조 개혁 조치가 먼저 이루어진 이후에 정년에 대한 논의가 가능하다. 이를 위해 경영진과 노조, 정부가 머리를 맞대고 사회적 대타협을 이끌어내야 한다.

공정하고 지속가능한 노동시장의 포용적 혁신

노동시장의 포용적 혁신을 위해서는 첫째, 개인의 장점을 개발하는 방향으로 인적 자원을 양성하고, 둘째, 개인의 축적된 역량을 발휘할 수 있는 기회를 제공하고, 셋째, 인적자원 관리의 절차적 공정성을 높이고, 넷째, 성과에 따라 보상의 공정성을 높여야 한다.

노동시장 개혁은 교육 문제에서부터 시작된다. 한국의 경우 노동시장에 공급되는 인적자원의 일반적 지식수준은 매우 높은 편이다. 이는 높은 교육열에 기인하는데, 한국 기업들은 그동안 양질의 인력을 충분히 공급 받았다. 그러나 저출산 문제로 향후에는 이러한 인적자원 프리미엄이 약화될 가능성이 높다.

최근에는 저성장과 노동시장의 경직된 구조 탓에 기업들이 채용인원을 최소화하고 있으며, 구직자들의 눈높이 등으로 인해 취업준비에 오랜 기간이 소요되고 있다. 그러다보니 노동시장에 들어오는 시기가 늦어지고 있어 사회적 비용이 발생하고 있다.

반면에 명예퇴직 등 노동시장의 퇴직 시기는 빠른 편이다. 열심히 오래 가르쳐서 빨리 내보내는 방식이라 인적자원의 낭비와 손실이 높다. 또한 퇴직자들이 생계형 자영업을 시작하면서 전문성을 활용하지 못하는 형편이다. 자영업의 비중은 22% 수준으로, OECD 평균(11%)의 2배 수준에 이른다.

우수한 인적자원을 제대로 활용하지 못하는 원인을 인적자원 관리 방식에서 찾을 수 있다. 한국의 기업이나 기관의 인적자원 관리는 아직까지도 직무보다는 사람에 따른 관리가 이루어지는 경우가 많다. 채용 단계부터 직무 중심의 채용이 아니라, 대규모 공채 등 높은 일반적 지식을 가진 사람을 채용한다. 직무 배치 역시 순환보직 방식이 대부분이다.

근속연수가 증가해도 전문역량보다는 관리역량의 강화가 더 빠르게 이루어지는데, 관리 역량은 다른 직장에서 활용하기 어렵다. 또한 전문역량을 강화하기 위한 직무 교육이나 훈련도 부족하고, 보상제도 역시 비공식적 역할을 포함한 연공급 성격의 연봉제다.

결국 기업이나 개인 모두 전문적 역량 향상에 투자할 유인이 적다 보니, 전문가 양성이나 전문성에 따라 보상하는 직무급제 도입에는 소극적이 될 수밖에 없다. 정년이 넘어서도 일하기 위해서는 축적된 전문역량이 있어야 하며, 기업과 개인 모두 전문 역량을 강화하기 위한 노력이 필요하다.

지속가능한 임금 정책의 핵심은 생산성과 임금 수준을 현재 수준에 맞추는 방식이다. 젊어서 덜 받고, 나이 들어서 더 받는 식의 임금 체계가 어음 또는 수표 임금이라면, 이를 현찰 임금으로 바꿔야 한다. 그렇지 않으면 누구나 불공정성을 느낄 수밖에 없다. 현찰 임금의 임금 곡선은 소위 S자 커브를 그린다. 신입사원은 좀 더 낮은 임금으로 입사해 교육훈련을 받으며 업무를 배우고, 이후 성과에 따라 가파른 임금 상승을 한 뒤, 일정 수준 이후에는 다시 상승률이 완만해지는 구조가 될 수 있다.

임금체계 등의 인적자원관리는 개별 기업의 문제이지만, 정부의 정책적 노력도 필요하다. 정부는 노사대화를 중재하고, 사회적 합의를 이끌기 위해 노력해야 한다. 임금제도 역시 제도 자체보다 운영이 더 문제다. 거시적으로 실제 임금 곡선을 어떻게 설계할 지에 대한 목표를 가지고, 이에 정당성을 부여하는 임금체계가 바람직하다. 특히 노사 간 신뢰가 부족해서 직무급 등의 명칭을 둘러싸고도 협의가 이루어지지 않는 경우도 많다. 명칭에 관한 논의보다 실제 한국의 노동 환경에 맞는 생애임금 곡선을 찾는 것이 바람직할 것이다.

노동시장 개혁을 통한 일자리 중심 경제

문재인 대통령은 2019년 10월 시정연설을 통해서 소득여건이 개선되고 있으며, '올해 9월까지의 평균 고용률이 66.7%로 역대 최고 수준'이라고 밝혔다. 그나마 희망적인 조짐이 나타나고 있다. 그럼에도 불구하고 국민들이 체감하는 일자리 경기는 매우 차갑다. 특히 청년 고용률은 심각하며, 지방의 청년들은 절망감을 느끼는 정도이다.

정부 차원에서 일자리 문제 해결에 힘쓴다고 하지만, 공공부문의 고용창출이나 정부지원금의 효율성 등 정부 정책에는 한계가 있다. 고령자나 저소득층을 위한 복지 차원의 일자리는 정부 재정의 역할이 중요하다. 그러나 세금을 사용하는 일자리를 늘리는 동시에 세금을 내는 일자리 자체도 많아져야 한다.

원칙적으로 일자리는 기업에서 만들어야 한다. 기업들이 고용을 늘리기 위해서는 성장에 대한 희망이 있어야 하며, 고용에 대한 걸림돌이 없어져야 한다. 최저임금 인상이나 주52시간 노동 등은 삶의 질을 높이는 정책이며 옳은 방향이다. 그러나 일자리 창출 정책과 부딪칠 때에는 갈등을 해결하기 위한 정치적 리더십이나 정책 조정이 필요하다.

그동안 우리 정치는 리더십을 가지고 정책을 조율하기보다는 정책 갈등을 증폭시키는 역할을 한 적도 적지 않았다. 최저임금 인상이나 탄력근로제 등의 노동 관련 쟁점 사항들은 정책 실행의 관점에서 구체적으로 논의해야 한다. 정치적 진영 논리에 입각해서 찬성과 반대를 논하면 해법을 찾기 어려워진다. 일자리 창출과 노동 정책을 아우르는 정치적 리더십을 발휘하는 것이 진정한 일자리 중심 경제의 핵심이다.

이런 맥락에서 광주형 일자리는 대표적 예라 할 수 있다. 그것은 2017년 문재인 대통령의 공약으로 채택해 현 정부의 대표적인 상생형 일자리 모델로 추진되었다. 사회적 합의를 통해 기업은 상대적으로 낮은 임금으로 근로자를 고용하여 일자리 숫자를 늘리고, 낮은 임금에 대한 소득 부족분은 정부와 지자체가 주거·문화·복지·보육시설 등 후생복지비용으로 지원하는 방식이다.

이는 직·간접적 고용효과 창출뿐만 아니라, 제조업의 경쟁력 강화와 지역 균형발전 등 한국 경제의 구조적 문제를 해결할 수 있는 새로운 대안으로 주목받아 왔다. 추진이 늦어지는 것이 아쉽지만, 이 모델을 반드시 성공시키고 다른 여러 지역으로 확대할 필요가 있다.

노동계는 노동시장의 유연성을 높이려는 움직임에 대해 '해고는 살인'이라고 완강하게 맞대응해 온 트라우마가 있다. 우리에게 필요한 정치적 리더십은 대화와 타협을 통해, 광주형 일자리 사업과 같이 노동시장 개혁과 일자리 창출을 함께 이뤄 나가는 것이다.

5

혁신과 상생으로
더불어 잘사는 경제

1. 경제 문제와 소득주도성장

경제(經濟)란 '세상을 경륜(經世)하고 백성을 구제(濟民)'한다는 장자(莊子)의 경세제민(經世濟民)에서 비롯되었다. 그러나 우리가 처한 경제 현실은 백성을 구제하기는커녕, 현재의 생활수준을 유지하게 하기도 버겁다. 주위를 둘러보면 먹고살기 힘들다는 사람들뿐이다. 불경기가 일상화되면 대부분의 사회적 갈등이 경제적인 이유로 시작된다. 모든 선거에서 경제를 살리겠다는 후보들은 넘쳐나지만, 이를 바라보는 국민들의 시선은 싸늘하다.

경제의 두 축은 성장과 분배인데, 한국 경제는 두 축이 모두 흔들리고 있다고들 한다. 잠재성장률이 하락하는 저성장 구조가 고착화되고 있고, 분배 구조도 악화되어 양극화가 심화되고 있다는 것이다. 한국 경제의 저성장 구조와 분배구조 악화는 새로운 문제가 아니라, 장기간에 걸쳐 진행된 문제이다.

대안은 있을까? 아쉽게도 한 번에 해결할 수 있는 정책은 없다. 목적지를 잃었을 때는, 걸어온 길을 돌아보라고 했다. 역대 정권 하에서도 '혁신'과 '벤처', '창조경제' 등 성장 동력 확보와 '경제민주화' 등 분배 구조 개선을 위한 많은 노력이 있었다. 참여정부 시절에 작성한 〈비전 2030〉에서 새로운 도전에 대응하기 위해 성장과 복지가 함께 가는 동반성장을 제안했으며, 이후 진보정권이나 보수정권 구분없이 혁신과 경제 민주화를 내세웠다.

문재인 정부에서 추진한 소득주도성장 정책은 더불어사는 세상을 위해 마땅히 추구해야 할 길이다. 소득주도 성장은 가계소득을 높이고, 생계비를 줄여 가처분 소득을 높이고, 사회안전망과 복지를 확충하는 3대 축으로 구성된다. 이는 역대 정권에서 모두 추진했던 정책이다. 최근 10여 년 간 경제성장률에 비해 가계소득과 소비의 증가율이 훨씬 낮게 나타났는데, 성장의 과실이 그동안 가계로 덜 갔다는 뜻이다.

그동안 낙수효과를 기대하며 대기업 중심의 성장으로 투자와 소비를 유발하고자 했지만 오히려 양극화를 심화시켰다. 그래서 가계 소득 증가를 통해 내수 확충과 성장을 추구하는 소득주도 성장 정책이 등장한 것이다.

혁신 성장과 상생의 조화로 더불어 잘사는 경제

문재인 정부의 소득주도성장과 혁신 성장, 공정경제는 반드시 함께 가야 한다. 성장과 분배는 이분법적으로 볼 수 있는 것이 아니라, 균형을 맞추어야 한다. 혁신이 없는 소득주도성장은 불가능하며, 소득주도성장은 오히려 혁신 성장을 뒷받침하는 수단이다.

혁신의 대가가 국민들에게 잘 분배되기 위해, 소득주도 성장과 공정경제, 일자리 중심 경제 정책이 어우러져 선순환/시너지가 이루어져야 한다. 소득주도성장과 혁신 성장은 결코 대립되는 목표가 아니다. 소득주도성장은 수요 측면을 강조하는데, 성장을 위해서는 공급 측면도 고려해야 한다. 즉, 소득주도성장에서 가계소득을 늘리는 것이 수요 측면이고, 공급 측면은 혁신 성장을 통해 사람에게 투자하는 것이다.

소득주도성장과 혁신 성장, 공정경제를 포괄하는 상위개념이 포용경제라 할 수 있다. 기존 성장 패러다임에서는 임금(비용)과 생산성(혁신)이 대립되는 구조였기에, 최저임금 상승과 노동시간 단축이 생산성에 부정적이라고 주장한다.

포용경제와 혁신 성장 패러다임에서는 '임금상승과 노동시간단축 → 高생산성지향 혁신경제→ 우수한 인적자원 확보 경쟁 → 혁신 생태계의 분수효과를 통한 질적 성장 → 양질의 일자리 창출 → 소득 성장'의 선순환을 추구한다. 이를 위해서 정부는 규제 개혁과 함께 중소기업의 혁신을 장려하기 위한 불공정거래관행 근절 등의 공정경제 확립을 위한 정책 노력을 강화해야 한다.

이러한 균형을 상생이라는 용어를 통해 설명할 수 있겠다. 상생 경제는 시장원리를 바탕으로 경제 주체 상호간에 성장을 북돋우는 상생의 메커니즘이 작동되는 경제시스템이다. 경제주체들이 각각의 역량에 따라 경제 발전에 기여하고, 경쟁력을 기준으로 보상받으면서 성장의 과실을 공유함으로써 체제를 긍정하고 조화롭게 공존하는 것이다.[7]

이를 위해서는 경제주체 간 분배를 둘러싼 대립 구도를 상호작용을 통한 성장 추구로 변화시켜야 한다. 경제적 양극화 문제를 초래하고 분열과 대립 구도가 심화되는 기업(자본)과 근로자(노동), 대기업과 중소기업, 성장과 복지 등의 문제를 상생 구조로 변화시키기 위한 정책이 필요하다.

경제 문제는 여러 원인이 복잡 다양하게 얽혀 있기에 쾌도난마처럼 해결할 수 없다. 단기적 효과를 위한 처방은 다른 문제를 발생시킬 수밖에 없다는 것을 그동안의 경제 정책을 실행하는 과정에서 누누이 보아왔다. 상생 경제 패러다임은 경제에 대한 대증적 처방보다는 장기적 관점에서 선순환이 이루어지도록 한다.

대기업-중소기업의 양극화 문제를 대기업이 불이익을 감수하고 중소기업을 지원하는 식으로 해결할 수는 없다. 중소기업이 혁신을 통해 경쟁력을 높이면, 수익성 개선과 혁신역량 강화를 통해, 대기업과의 상생 성장이 이루어지고 다시 경쟁력과 수익성을 높일 수 있는 선순환이

---

7) 상생의 경제학, 삼성경제연구소 (p.27)

이루어진다. 중소기업의 경쟁력 제고를 위해서는 금융 부문과 정부 지원이 효율적으로 이루어져야 하는데, 이를 위해서는 규제 개혁 등을 통해 혁신을 지원해주어야 한다.

기업과 근로자 간 상생을 위해서는 노동시장의 구조개혁이 필수적이다. 연공서열급 등의 전통적 보상 제도에 대한 혁신이 필요하다. 성과와 보상, 교육훈련과 승진 등을 연계하는 정책을 통해서 근로자의 숙련도와 기능이 향상되면, 생산성이 증가하여 기업 경쟁력이 제고된다. 이는 투자 확대를 통해 고용의 양과 질을 높이는 선순환을 가져온다.

정부와 공공부문은 경제 주체로서의 직접적 역할도 중요하지만 경제 주체들의 상생의 선순환이 잘 이루어지도록 지원하고, 불공정한 행위를 근절하며, 실업이나 저소득층 등 취약계층의 자생력을 배양하는 간접적 역할이 바람직하다.

2. 혁신 성장

혁신주도형 경제가 답이다

경제 정책의 최대 과제는 효율성(성장)과 공평성(분배)이 균형과 조화를 이루는 것이다. 한국의 진보와 보수세력 간에는 성장과 분배의 우선순위를 놓고 끊임없는 갈등이 이어져 왔다. 보수 진영에서는 성장률이 올라가면 저절로 분배가 이루어진다는 낙수효과를 강조한 반면, 진보 진영은 공정한 분배가 지속 가능한 성장을 견인한다고 주장한다.

한국이 고도성장을 하던 시절에는 소득불평등 수준도 큰 폭으로 하락해 성장과 분배 모두 문제가 없었다. 선진국들도 고도성장기인 1950년대와 1960년대에는 소득불평등이 크게 완화되는 현상이 나타났다. 그러나 대부분 경제학자들은 당시가 매우 예외적인 상황이었을 뿐, 앞으로 고성장으로 소득불평등이 완화되는 일은 없을 것이라 주장한다.

21세기의 한국 경제도 성장률 저하와 소득 분배의 악화가 동시에 진행되고 있다. 앞으로 고성장도 힘들뿐더러 소득 불평등의 완화는 더욱 힘들 것으로 예상되고 있다. 이제는 보수와 진보 진영에서 성장과 분배의 우선순위를 따지는 것은 소모적 논쟁일 뿐이다. 저성장과 양극화의 난국을 타개하고, 새로운 경제적 활로를 찾는데 긴밀하게 협력할 필요가 있다.

저성장과 양극화의 문제를 해결하기 위해 혁신주도형 경제가 답이다. 분배의 문제는 사회적 타협을 통해 해결 가능하지만, 혁신 성장은 정책적 노력만으로 불가능하다. 정책은 혁신을 지원할 뿐, 혁신은 민간 기업이 주도하기 때문이다. 이미 세계 주요국들은 혁신 성장전략을 일자리·복지 등 사회문제 해결을 위한 원천이자 지속가능한 경제 발전을 위한 해법으로 인식하고 저성장 극복과 지속 가능한 경제 발전을 위해 혁신 주도형 경제로 이행하는 노력을 경주하고 있다.

그런데 한국에서는 저출산 고령화의 지속과 베이비붐 세대의 은퇴 등 인구구조가 급변하고 있다. 베이비붐 세대의 은퇴는 잠재성장률뿐만 아니라 총수요측면에서도 매우 심각한 문제를 야기한다. 은퇴한 세대들은 소비 여력이 줄고, 소비성향도 낮아진다. 인구구조적으로 저성장이 고착화될 수 있다.

일본을 비롯해 다른 나라들도 구조적 저성장에서 탈피하고자 금리를 마이너스 수준까지 낮추는 등 경기부양책을 쓰고 있다. 경기부양책은 경기순환 사이클 상의 경기침체에서 회복하기 위한 수단인데, 구조적인 저성장 구조라면 경기부양책으로서의 금융정책이나 재정정책의 효과는 제한적일 수밖에 없다.

한국 경제도 잠재성장률의 추세적 하락과 대기업과 일부 주력산업 중심의 성장체제가 구조적 한계에 봉착하고 있다. 잠재성장률의 추락에는 투자 부진, 고령화로 인한 노동의 질 약화, 원자재 가격 상승에 따른 기업 이익률의 저하, 지속적인 내수 부진, 신성장동력의 부진 등 여러 원인이 있다. 경제발전단계상 성장의 지속성을 확보하기 위해서는 적절한 시기에 성장전략의 전환이 필수적이다. 기존 성장체제의 부작용이 더 나타나기 전에 혁신 주도형 경제로의 이행을 적극 모색해야 할 시점이라 할 수 있다.

경제성장의 동력은 기업가정신을 통해 이루어낸 혁신이며, 따라서 모든 경제 성장은 사실 혁신 성장이라 해도 과언이 아니다. '한강의 기적'이라 불리는 한국경제의 성장 역시 한국 기업가들의 기업가정신과 혁신이 큰 원동력이 되었다. 대기업 중심체제에 대해서는 공과가 있지만, 지금의 한국 대기업들도 시작은 미약했으며, 혁신을 통해서 큰 성과를 이룩한 것이다.

그러나 과거의 성장 방식은 이제 한계를 드러내고 있다. 한국은 과거 경제개발 5개년계획 등 정부가 기획하고 민간 기업이 실행하는 구조로 경제 발전을 시작했다. 이후 수출주도형 경제 구조로 대기업들이 '패스트팔로워(추종자, fast follower)' 전략을 통해 성과를 내고, 이 성과를 중소기업들이 나눠먹는 구조가 과거의 경제성장 방식이었다.

이제는 정부의 기획 능력이나 수출주도형 경제, 기업의 패스트팔로워 전략, 대기업과 중소기업의 낙수효과 모두 한계점이 보이고 있다. 일부 수출 대기업의 성과에 대한 의존도가 높은데, 대부분은 1970~1980년대에 육성한 전자·자동차·조선·철강·기계 등의 주력산업이다. 신성장동력의 발굴은 아직 미약하다. 또한 중소기업들은 대기업의 수직계열화된 성장구조를 가지고 있는데, 대기업의 성과가 떨어지면 함께 어려워질 수밖에 없다.

결국 혁신 성장은 필연적인 선택이다. 그러나 이 길은 쉬운 길이 아니다. 혁신은 실패의 확률이 높고 시간도 더 걸린다. 벤처 등의 중소기업 성장만으로는 경기 전체의 성장률을 높일 수도 없기에, 성과를 자랑하기도 어렵다. 경제 정책 책임자라면 당장의 성장률을 올리는 과거의 방식(대규모 건설이나 대기업의 대형 투자 등)에 솔깃할 수밖에 없다. 그래서 혁신 성장에 있어 가장 큰 장애물은 기존 방식에 의존하는 경로 의존성이다. 그러나 기존 방식의 한계와 대외적인 환경을 고려하면 혁신 성장은 힘들어도 가야 할 방향이다.

특히 중국 등 후발 개도국들의 추격이 무섭다. 이들은 한국의 대기업 중심의 추격자 전략을 벤치마킹하여 원천기술보다 조립과 공정에 특화된 대규모 투자를 하고 있다. 한국의 경쟁력이 원천기술이 아니라 생산공정의 효율화에 있는데, 중국에서 똑같이 따라한다면 원가경쟁력에서 밀릴 수밖에 없다. 기술경쟁력 역시 중국과의 격차가 예상보다 더 빠른 속도로 줄어들고 있다. 결국 한국은 이제 모방과 추격이 아니라 창의와 선점 중심의 혁신 성장을 택하지 않을 수 없다. 비용을 절감하거나 생산성을 좀 더 높이는 수준이 아니라, 새로운 사업을 창조하는 혁신이 필요하다.

혁신 성장을 지원하는 정부의 역할

IMF 외환위기 중에 출범한 김대중 대통령의 '국민의 정부'는 적극적인 벤처기업 육성 정책을 펼쳤으며, 이는 경제위기를 극복해 내는데 큰 힘이 되었다. 당시 벤처기업으로 시작한 IT 및 디지털 콘텐츠 기업들은 현재 우리 경제에서 중요한 역할을 하고 있다.

벤처기업 육성과 지원 정책은 역대 정부에서도 지속되어왔다. 그러나 벤처 열풍이 불었던 당시에 비해 현재 우리 사회의 혁신 노력은 많이 사그라지고 말았다. 벤처나 혁신은 정책 지원만으로는 한계가 있다는 것을 보여주는 게 아닐까 한다.

우리 경제가 저성장의 늪에서 벗어나기 위해서는 혁신 성장은 필수적이다. 박근혜 정부는 혁신적 기술과 창의적 아이디어를 바탕으로 하는 창조경제를 핵심 키워드로 내세우기도 했다. 국민의 상상력과 창의성을 과학기술과 ICT(Information Communication Technologies)에 접목하여 새로운 산업과 시장을 창출하고, 기존 산업을 강화함으로써 좋은 일자리를 만든다는 '창조경제'는 시대정신에 적합한 패러다임인 것처럼 보였다. 그렇지만 실제로는 각 지역에 창조경제혁신센터를 설치한 것 외에 성과를 보여주지는 못했다.

혁신 성장과 창조경제는 같은 맥락에서 추진된 정책이라고 본다. 공통적으로 기존의 대기업 주도의 성장중심 추격형 전략의 한계를 인식하고, 세계를 선도하는 혁신형 성장 전략을 통해, 새로운 시장을 만들고 창업을 촉진하며 일자리를 창출하는 것이다. 이를 위해서는 산업의 경계를 넘어 혁신의 생태계를 갖추도록 하는 것이 반드시 필요하다.

혁신 성장은 민간 기업이 주도해야 하며, 대기업과 중소기업 모두 혁신의 주체가 될 수 있다. 벤처기업은 혁신에 가장 가깝게 있지만, 한국의 벤처기업은 중소기업의 의미가 강하며, 벤처의 기본인 위험감수성으로 보면 벤처라 하기 어려운 곳들도 많다.

혁신 성장을 본격화하기 위해서는 대기업과 중소기업, 새로운 벤처들이 혁신의 생태계를 구성하고, 각자의 영역에 맞는 혁신 방식을 실행하면 된다. 벤처기업은 새로운 혁신 기술을 개발하고, 대기업은 이를 적용해 대규모의 프로젝트를 주도하고, 중소기업은 그 안에서 자신의 역할을 수행하는 식이다. 혁신을 벤처기업의 전유물이라 생각하기 쉽다. 그러나 대기업의 참여나 투자가 없으면 우리 경제의 혁신이 확산되고, 부가가치 창출이나 고용 창출 등의 효과를 높이기 어려워진다.

혁신 성장의 확산을 위해서는 20년 전의 벤처 열풍이 불었던 때처럼 혁신을 통해 성공한 기업가들이 바람직한 롤 모델이 되어야 한다. 아쉽게도 최근의 한국 부자들이나 기업체 총수들 중에는 사업을 열심히 해서 성공한 기업가의 비중이 점점 줄어들고 있다. 기업들의 순위 역시 큰 변화가 없는데, 혁신을 통한 역동성이 떨어지고 있는 듯해서 아쉬움이 크다.

기업의 혁신 성장을 지원하는 것은 저출산 대책과 비슷하다고 할 수 있다. 정책자금을 통한 기업 지원은 마치 보조금을 줄테니 출산을 하라는 것과 같다. 저출산의 원인이 노동이나 교육 문제 등 사회 전반에 걸쳐 있는 것처럼, 개인과 기업들이 혁신보다 안정을 선택하는 이유도 실패에 대한 두려움 등 복합적인 이유가 얽혀 있다. 이를 무시하고 기업들에 '나눠먹기'식 자금 지원을 하는 것은 기업을 위한 현금성 복지 정책에 지나지 않는다.

노무현 대통령도 재임 당시 "중소기업지원기관이 먹고 살려고 중소기업을 지원하는지, 중소기업 지원이 필요해서 중소기업지원기관이 있는지 모르겠다."고 지적한 바 있는데, 현재까지도 나아졌다고 보기는 어렵다. 결국 혁신 성장을 지원하는 정책은 예산을 늘려 지원금을 주는 것이 아니라, 기업가들이 의욕을 갖도록 하는 정책을 펴야 한다.

혁신(革新)은 글자 그대로 가죽을 벗겨 새롭게 한다는 의미이다. 이 과정에서 실패의 고통이 수반될 수밖에 없다. 혁신 성장 정책은 실패를 방지하는 것이 아니라, 실패를 당연히 있을 수 있는 일로 생각하고 다시 도전하게 만드는 정책이 되어야 한다.

유명한 농구 만화인 ≪슬램덩크≫에는 "리바운드를 지배하는 자가 경기를 지배한다."는 유명한 대사가 있다. 농구 감독들은 하나 같이 리바운드를 강조한다. 이를 잘 생각해보면 슛이 성공하지 못하는 것을 당연하게 생각하고, 그 다음 단계를 대비하는 것이다. 혁신 성장도 이처럼 리바운드를 지배하는 정책이 되어야 한다.

혁신은 미래의 환경 변화에 대한 대응

앞서 한국의 과거 성장 전략인 패스트팔로워 전략의 한계와, 세계를 선도하는 혁신의 필요성을 언급한 바 있다. 한국인과 한국기업의 창의력과 혁신 능력은 세계 어느 나라에 비해서도 뒤지지 않는다. 세계를 선도하는 혁신의 성공 사례도 많이 있다. 대표적인 사례로 온라인게임 산업을 들 수 있다.

한국은 세계 최초로 온라인게임을 개발했다. 유료 아이템 판매 등의 사업화 모델도 대부분 한국에서 시작되었다. 싸이월드는 페이스북보다 먼저 소셜네트워크서비스(SNS)를 제공하여 한국 시장을 선도했고, 판도라TV는 유튜브보다 먼저 세계 최초의 무료 동영상 포털을 시작했지만, 글로벌 경쟁에서는 밀리고 말았다. 기술 경쟁도 혁신 기술을 개발하는 게 중요하지만, 이를 글로벌 스탠다드로 만들고 확산시키는 것도 중요하다.

다시 말하면, 세계를 선도하는 혁신은 기술적으로 잘 만드는 게 중요하지만, 표준화하고 확산시켜 사업을 주도해야 성공하는 것이다. 이는 IBM호환 PC에 몰락한 애플 매킨토시나 VHS방식에 대응했던 소니 베타 방식 비디오의 사례를 통해서도 증명된다.

세계를 선도하는 혁신은 추구해야 할 방향이지만, 현실적으로는 세계를 선도하는 혁신만 추구할 수는 없다. 글로벌 시장의 표준을 둘러싼 주도권 경쟁에 나서기에는 부족한 부분이 있다. 그렇다고 글로벌 시장과 동떨어진 국내 시장을 위해 혁신을 추구하는 것은 글로벌 트렌드에서 멀어져 오히려 경쟁력을 깎아 먹는다.

세계 최초의 5G 상용화 등의 쾌거를 기록한 이동통신 기술처럼 원천 기술은 의존하더라도 기술 적용과 사업화 속도에서 경쟁력을 갖는 것도 혁신의 바람직한 사례이다. 4차 산업혁명의 시대를 맞이해, 미래에 세계를 주도하는 기술 혁신이 어떻게 펼쳐질지 예측하기란 불가능에 가깝다. 그래서 새로운 혁신을 주도하는 것도 필요하지만, 기술 환경 변화의 가능성까지 열어두고 있어야 한다.

미래형 자동차에 대한 연구가 세계적으로 활발히 진행되고 있는데, 전기차나 수소차 등 어떤 기술이 대세가 될지는 현재로서 예측하기 쉽지 않다. 자칫 한 방향으로 투자를 집중했다가 시장이 예상대로 열리지 않는다면 큰 낭패가 될 수 있다. 그렇기에 다양한 가능성을 열어두고 각각의 상황별로 대비를 하는 소위 '시나리오 플래닝'이 필요하다.

미래의 기술 변화 방향과 속도를 가늠하기 어려운 상황에서는 유연한 의사결정이 필요하다. 전기자동차나 태양광 발전의 수익성이 높지 않아도 보조금을 지급하며 장려하는 이유는 환경오염을 막고 함께 향후 기술 발전을 통해 수익성이 높아진다는 것을 고려한 것이다.

환경 변화에 대한 유연한 대응과 별개로, 뚝심 있게 지속적으로 추진해야 하는 정책도 있다. 이렇게 장기적이고 지속적인 정책을 추진하는 것이 정부의 역할이다. 대표적으로 필요한 것이 원천 기술을 확보하기 위한 기초 과학에 대한 투자이다.

매년 가을 노벨상을 발표할 때마다 기초과학에 대한 필요성을 논하지만, 당장 수익이 나지 않는 기초과학 분야에 대한 투자는 쉽지 않다. 정부는 장기적인 관점에서 혁신 성장의 기반을 조성하는 역할을 해야 한다.

3. 상생경제와 경제민주화, 재벌 개혁

상생 경제와 경제민주화

상생경제의 기본 원리는 경제 주체들 간의 상호작용을 통해 함께 성장하는 상생의 메커니즘이 작용하는 경제시스템이다. 혁신으로 인한 성장의 대가를 어떻게 분배하느냐의 문제로 보면, 기본원리는 동반성장이나 공정경제와 같다. 문재인 대통령은 경제에서 민주주의를 이루는 일이 공정경제라고 했다. 공정한 경쟁 과정을 보장하고, 성장의 과실을 정당하게 나누는 것이다.

상생은 여기에 더해 중소기업이나 소상공인들도 혁신을 통해 경쟁력과 자생력을 기르고 함께 성장하는 것이다. 현 정부의 경제 정책에서도 대기업과 중소기업의 상생협력이 대기업의 시혜적인 조치가 아니라는 점을 명확히 하고 있다. 그런데 혁신을 위해서는 공정한 경쟁이 보장되고, 성과에 따른 공정한 보상이 있어야 혁신 의지가 생긴다. 열심히 일한 만큼의 결과가 따라주기를 바라는 것은 너무나 당연한 소망이다.

그래서 갑을관계로 상징되는 경제적 불공정 관계를 개선해야 한다. 그래야 우리 경제는 활력을 되찾고 부의 불평등이 완화된다. 상생은 중소기업과 소상공인 등 경제적 약자들의 자생력과 협상력을 높이는 노력을 통해서 함께 잘살기 위한 해법이다. 대기업을 규제하기 위한 방식이 아니다. 이 과정에서 정부는 불법과 반칙을 엄단하고, 공정한 제도와 관행이 자리 잡도록 하는 역할을 해야 한다.

문재인 대통령은 상생을 통해 지향하는 목표를 명확히 제시하면서 "우리 경제는 이제 '빨리'가 아니라, '함께' 가야하고, '지속적으로 더 멀리' 가야 합니다. 경제 민주주의는 모두의 자발적 참여로 이뤄집니다. '공정경제'가 우리 경제의 뿌리가 되도록 함께 노력합시다. 정부는 경제인들이 마음껏 뛸 수 있도록 응원하고 지원하겠습니다."라고 밝혔다.

공정경제와 상생협력은 헌법에 명시되어 있는 '경제민주화'에 기반하고 있다. 헌법 제119조 2항은 "국가는 균형 있는 국민경제의 성장 및 안정과 적정한 소득의 분배를 유지하고, 시장의 지배와 경제력의 남용을 방지하며, 경제주체간의 조화를 통한 경제의 민주화를 위하여 경제에 관한 규제와 조정을 할 수 있다."고 되어 있다. 즉, 국가는 분배 불평등 완화와 공정한 기회 제공을 위한 개입을 할 수 있다는 의미이다.

재벌 개혁

한진그룹 총수 일가의 갑질 논란, 삼성바이오로직스 분식회계 논란, 탈법적 승계를 위한 일감 몰아주기 논란을 비롯해, 일부 재벌총수 일가들의 일탈과 불투명한 경영행태, 불공정한 거래 행위 등 우리는 수많은 재벌의 문제를 보아 오고 있다. 뿐만 아니라 국정농단 세력에게 뇌물제공 등의 혐의를 받았지만 '봐주기식 판결'을 받고 집행유예로 풀려난 삼성그룹 이재용 부회장 사례를 비롯해, 재벌과 권력의 유착으로 인한 심각성을 잘 알고 있기 때문에 이런 문제를 바로잡기 위한 재벌 개혁의 당위성은 아무리 강조해도 부족하지 않을 것이다.

상생 경제를 위해서는 재벌에 대한 개혁이 매우 중요하다. 재벌 개혁에 대해서는 이미 많은 논의가 이루어졌지만, 원칙적인 개혁이 필요하다는 당위론과 재벌 개혁이 경제의 활력을 저해한다는 현실론이 존재한다.

재벌 개혁이라는 과제는 우리 경제가 감당할 수 있는 범위 내에서 단계적이고 지속적으로 추진해야 한다. 또한 재벌 개혁은 재벌들의 불투명한 경영을 개선시켜 기업과 한국 경제의 경쟁력을 강화시키는 길이다.

재벌 문제는 수십 년 간 누적되어 온 적폐이고, 역대 정권에서도 정권 초기에는 재벌 개혁의 목소리를 높였다. 그러나 이후 경제를 살리겠다고 재벌들에게 유화적 제스처를 취하고, 재벌 총수들이 면피성 투자와 일자리 창출을 공약하면서 재벌개혁은 유야무야되어 버리는 일이 반복되었다. 이를 반복하지 않으려면 어떻게 해야 할까?

문재인 대통령은 취임 선서에서 재벌개혁을 강조하며 "문재인 정부 하에서 정경유착이라는 낱말이 완전히 사라질 것입니다"라고 밝힌 바 있다. 그러나 우리 사회에서 정경유착 타파와 재벌 개혁은 아직 잘 실감이 나지 않는다. 개혁의 방향 설정이나 개혁의 분위기를 만드는 것은 실현되었으나, 일회성이 아닌 지속가능한 개혁이 되려면 시스템과 제도개혁이 뒷받침돼야 한다. 이를 위해서는 입법과 제도화가 필요하다. 문재인 정부 출범 이후 재벌개혁과 경제민주화 국정과제 해결을 위해 재벌개혁의 방향과 과제들이 차근차근 법과 제도를 통해 추진되고 있는 것은 다행이다.

국회에서도 공정거래법을 비롯해 각종 관련 재벌개혁을 위한 입법이 조속히 처리될 수 있도록 적극 뒷받침하도록 노력하고 있다. 공정거래위원회는 △ 총수일가의 전횡방지 △ 사익편취행위 및 부당내부거래 근절 △ 편법적 지배력강화 방지를 위해 법을 더 엄정히 집행하는 것은 물론 어떤 수단과 방법이 개혁에 더욱 효과적이고 합리적인지를 고민하면서 추진하고 있다. 하지만 안타깝게 공정거래법 등의 재벌개혁 입법을 마무리 짓지 못했다. 재벌 개혁을 위해서는 우선 개혁의 대상을 잘 파악해야 한다.

영국 옥스퍼드 사전에도 'chaebol'이라는 단어가 '한국형 대기업집단'이라고 등재되어 있을 정도로 재벌은 한국 경제의 대표적인 특징이다. 그러나 재벌의 정의는 명확하지 않다. 공정거래위원회의 자의적인 분류에 따라 상호출자제한 민간 대기업집단(공기업과 외국계 기업집단은 제외) 중 계열사 전체의 자산총액이 10조원 이상인 곳을 매년 재벌로 지정한다. 따라서 재벌이라는 용어 자체가 정책을 수립하고 집행하는데 바람직한 단어는 아니다.

개혁 또는 규제의 대상 면에서 재벌문제를 생각해 볼 필요가 있다. 현재의 자산총액 기준으로는 삼성그룹과 카카오가 똑같이 규제의 대상이 될 수 있다. 따라서 공정거래법상의 재벌 지정 기준을 10조원이라는 정해진 액수로 하기보다는 GDP에 연동시키는 등 대상을 유연하게 적용하자는 의견이 있다. 개혁 대상에 대한 합리적 기준을 설정하기 위한 노력도 필요하다.

모든 개혁은 목표가 명확해야 한다. 재벌 개혁은 기업 활동을 규제하는 것이 아니라, 경제민주화의 차원에서 불공정행위를 근절하는 것이 목적이다.

재벌 개혁의 이슈는,

1) 재벌회장이라는 총수 일가의 문제,

2) 재벌기업이라는 대기업의 문제,

3) 재벌그룹이라는 기업집단의 문제로 분리해서 생각해야 한다.

물론 재벌의 문제들이 복합적으로 얽혀서 나타나지만, 이렇게 분리해서 생각해야 해결책을 찾기도 용이하다. 이렇게 보면, 재벌개혁이라는 용어는 지배주주의 전횡 및 탈법적 승계를 비롯한 사익 편취 문제, 대기업과 중소기업의 공정거래에 관한 문제, 대규모 기업집단의 부당 내부거래 문제 등으로 정리할 수 있다. 이를 분리해서 법규를 공정하게 적용하면 된다. 정치권은 '정경유착'의 고리를 완전히 확실하게 끊는 것이다. 재벌을 압박해서 뇌물을 수수하거나 재벌이익을 대변하는 청부입법을 하는 등의 행위를 향후 절대 반복하지 않는다는 확신을 심어주어야 한다.

제3부
·
포용정치로 가는 길

1

정치개혁은 국민의 힘으로

국회 신뢰도는 모든 국가사회기관들 중에서 최하위이다. 국민들은 국회 무용론까지 언급한다. 대의민주주의 위기요, 의회정치의 위기요, 정당의 위기다. 지역주의 정당과 승자독식의 제왕적 대통령제의 폐단이 만들어 놓은 결과이다. 현행 정치제도와 정당 구도를 그대로 두고 의회정치를 복원한다는 말은 정치적 수사에 불과하다. 의회정치 복원의 길이 멀고 험하다 할지라도 대한민국 미래를 위해 가야하는 길이다. 짧은 민주주의 역사에도 우리나라는 형식적 민주주의를 완벽하게 갖췄다. 이는 깨어 있는 시민들이 있었기에 가능한 일이었다. 지금 국회가 국민들의 신뢰를 받지 못하고 있지만, 깨어있는 국민들과 함께 정치개혁을 추진한다면 희망찬 대한민국 미래를 열 수 있다고 믿는다. '부정의'와 '불공정'으로 가득 찬 여의도 정치의 본질적 문제와 개선 방안에 대한 생각들을 정리해 본다.

대의민주주의 위기 극복은 직접 민주주의 요소로

대의민주주의제도가 도입된 이래로 '대표성 위기', '정당 위기' 및 '의회정치 위기', '국민 참여의 위기' 등의 주장은 늘 있어 왔다. 요즘은 대의민주주의 무용론까지 제기되고 있다. 개인의 의사 표현이 자유로 워진 디지털 네트워크 시대에 국회가 국민의 정치 의사를 제대로 반영 하지 못한 결과이다. 특히 국회에 대한 국민 신뢰도가 매우 낮다. 국가 사회기관 신뢰도조사에서 국회는 항상 최하위이다. 2018년 조사에서 는 최하위(1.8)였고, 2019년에는 경찰(2.2%) 다음(2.4%)이었다. 대통 령 신뢰도(25.6%)와 큰 차이를 보였다.

대의민주주의 위기는 국회가 국민의 정치 의사를 제대로 대표하지 못할 때 발생한다. 국회가 국민으로부터 유리되면 정치에 대한 국민 불 신, 정당에 대한 국민 불신, 그리고 국회에 대한 국민 불신 등이 팽배해 져 결국 국회 신뢰도는 바닥으로 추락한다.

국회의 위기의 원인은 크게 세 가지로 나눠 생각해볼 수 있다.

첫째는 승자독식 정치 체계이다. 대통령제에서 대통령(정부)과 국 회(야당)와의 협치는 중요하다. 그러나 결론부터 말하면 현재와 같은 제왕적 대통령제에서 지역주의 정당에 토대를 둔 국회에서는 정부와 여·야 협치는 본질적으로 가능하지 않다. 정권이 교체되면 역할만 바 뀔 뿐이다. 모든 국정과제에 대한 논의에서 야당은 반대하고 정부·여당은 속수무책일 수밖에 없다. 어느 정부든지 집권 초기에는 협치를 위해 노력한다. 그러다 이내 지친 청와대와 정부는 자신들이 할 수 있는 시행령만을 고쳐가면서 국정을 운영해 나간다. 그렇게 되면 협치는 더이상 구호일 뿐 실제와는 멀어진다.

문재인 대통령의 정치 화두도 '협치'였다. 그러나 야당은 국가 기틀을 개혁하자는 청와대와 여당의 모든 사안과 정책에 대해 논의조차 반대하고 물리적으로 저항했다. 국회는 싸움터로 변하고 개점휴업 상태로 지내거나 공회전 되기 일쑤이다. 야당의 반대가 거듭되자 청와대와 정부는 관련법의 시행령을 고쳐가며 국정을 운영하기도 한다. 제왕적 대통령제에서는 국회와 협치가 이루어지지 않더라도 시행령을 고쳐가면서 청와대와 정부가 할 수 있는 일이 적지 않기 때문이다. 입법을 통한 본질적 국가개혁은 불가능하거나 더디고, 국회는 정치를 잃고 서로 다툼을 위한 다툼만 지속된다.

둘째, 지역주의 정당 정치 문제이다. 의원들은 기회가 있을 때마다 '지역 민심'을 말한다. 그러나 의회정치 과정에서는 민심을 따르지 않고 양극화된 대립만 계속하는 것은 지역주의 정당 체제 때문이다. 우리나라 유권자들은 특정 이슈에 대한 태도와 투표선택 간에 괴리가 존재한다. 이슈별 태도는 여당에 우호적 입장이라도 투표할 때는 지역주의에 따라 야당에 투표한다. 그 반대 경우도 가능하다.

지역주의에 기반을 둔 정당은 논쟁중인 쟁점에서 지역 유권자들의 정치적 의사와 다른 입장을 취하더라도 크게 걱정하지 않는다. 투표 때가 되면 결국 자신들을 지지할 것임을 잘 알기 때문이다. 승자독식의 정치문화에서는 상대진영을 제압하고 정국을 주도하는 것이 중요하다. 지역 유권자들의 정치적 의사보다는 상대진영의 논리의 반대편에 서는 것이 중요한 것이다. 지역 유권자들 역시 본인의 태도보다 자신이 지지하는 지역주의 정당이 그 쟁점에 대해 상대 진영과 어떻게 대립하고 싸우는지를 더 중요하게 생각한다.

지난 2016년 '박근혜대통령탄핵촛불혁명' 정국에서 새누리당 분당 과정을 살펴보면 이러한 경향성을 쉽게 이해할 수 있다. 당시 대구 경북 지역에서 조차 박근혜 대통령에 대한 지지가 떨어지고 있었다. 그런데도 대구 경북지역 의원들은 유승민 의원을 제외하고 단 한 명도 탈당하지 않았다. 박근혜 대통령 지지를 철회하는 대구 경북지역 유권자들이 많아도 결국에는 총선에서 지역주의에 따라 새누리당을 지지한다는 것을 잘 알고 있었던 것이다.

반면에 지역주의가 약한 수도권 새누리당 의원들은 탈당을 했다. 지역주의가 약한 수도권은 이슈별 태도와 투표 태도 간의 괴리가 상대적으로 적다. 탈당한 국회의원들은 국민들의 정치적 의사를 따르지 않으면 다음 총선에서 불리해질 것이라고 판단했다. 이것이 우리나라 지역주의 정당 의원들이 지역 유권자의 정치적 의사를 반영하지 않는 이유이다.

셋째는 양극화 정치이다. 승자독식 정치 체제에서 승자가 되는 것만이 정당의 존재 이유라고 믿는다. 야당은 여당이 잘못되어야 자신들이 집권할 수 있기 때문에 무조건 반대하는 입장이 된다. 모든 여당 정책에 무조건적으로 반대해야 하는 야당에게 구성원들의 단합은 매우 중요하다. 여당 역시 단합된 야당의 반대에 강경대응하기 위해서는 단합하지 않으면 안 된다. 이런 악순환이 반복되면 여야에게는 승리를 위한 전투만이 중요해져 국민의 의사는 중요하지 않다.

상대가 내놓은 정책에 찬성하는 것은 곧 자당의 패배로 인식된다. 그것이 국민이 원하는 것이라도 반대해야 하는 상황에 처한다. 여야 간의 소통은 단절되고, 전투만 있을 뿐이다. 이처럼 정당의 단합성 강화로 양극화가 심화되면 타협의 정치는 실종되고 극단적 대립만 남는다. 의원들은 국민의 정치 의사를 돌아볼 겨를이 없다. 일반 유권자들의 정치적 성향과 정책적 선호를 반영하지 못한다. 결국 의원과 유권자 간의 단절이 야기되어 정치적 대표성이 붕괴되는 결과를 초래하는 것이다.

많은 사람들은 다당제 정치구조여서 협치가 어렵다고 한다. 그러나 사실은 승자독식의 대통령제 폐단과 지역주의 정당정치, 그리고 영원불패의 지역주의에 근거한 정당 내부의 비민주적 행태 때문에 협치가 어려운 것이다.

그나마 정부·여당과 야당 간에 하나를 주고 하나를 얻는 방법으로 협치가 이루어지는데, 이미 국회운영의 경험을 통해서 확인된 것처럼 승자독식의 대통령제에서는 정부 여당은 하나씩 양보하면 그것이 관행이 될 수 있다는 우려 때문에 야당에게 양보하는 것을 어렵게 생각한다.

참여정부 때 노무현 대통령은 협치를 위해 거국내각을 제안했지만, 당시 한나라당 박근혜 대표는 일언지하에 거절했다. 야당은 정권 획득이 목적이지 일부 장관직을 통해 제한적으로 국정에 참여하기를 원하지 않는다. 야당은 제대로 정치를 못하고, 국민 의사에 반하는 '떼쓰기 정치'를 하더라도 다음 선거에서 또 지역주의 투표가 이루어질 것을 믿기 때문에 그들에게 국민 의사는 별로 중요하지 않다.

국회의 대표성 위기

대의민주주의 위기를 초래하는 국회 대표성 상실 원인으로는 대통령 후보경선 과정, 후보자 중심 정치, 투표 기록화, 의회 개방화, 정치연합 강화, 여론조사 확산, 관료제 개방화, 새로운 기술 발달 등 다양한 요인들이 작용하고 있다.

정치가 사라지고 대립만이 난무한 국회는 언론의 좋은 먹잇감 이상도 이하도 아니다. 매일같이 일어나는 극단적 대립 정치 모습이 언론을 통해 국민들에게 생생하게 전달된다. 국민들은 언론을 통해서 국회를 보고, 언론에서 본 것을 토대로 평가한다. 국민들이 국회를 평가하는 근거는 언론이 보여주는 모습이 전부다. 국회가 매일 싸우기만 하는 것도 아닌데 언론은 매일 욕설하고, 막말하고, 싸우는 모습만 보여준다.

그러나 언론의 비판적 보도 때문에 정치에 대한 국민 불신이 높아졌다는 정치권의 푸념은 본말전도다. 언론을 욕할 일이 아니다. 언론의 사명은 좋은 것보다는 나쁜 것, 문제가 되는 것을 보도하는 것이다. 권력을 위임받은 정치인들이 자신들에게 주어진 권력을 이용해 사적 이익추구에 몰두하는 모습이 보일 때 국민들은 분노한다. 그런 자당의 국회의원 구하겠다고 방어막 치는 국회 행태를 보고 있자면 국민들은 실망을 넘어 분노한다. 그렇다고 정말 국회가 없어져야 한다고 생각하는 사람은 없다. 아직은 정치개혁을 잘하면 국민들 옆으로 다가 갈 여지가 남아 있는 것은 그나마 다행이다.

정치 불신은 유권자의 정치 무관심을 야기해 국민과 정치, 국민과 대표자인 의원들 간의 친밀감과 유대감을 점차 약화시킨다. 국회는 국민들로부터 유리되고 국민들은 국회가 자신들과 다른 의사결정을 내렸다고 국회를 불신한다. 각 정당의 진성당원은 감소하고 무당파 유권자들은 증가한다. 정당 정체성과 일체감이 약화되고, 유권자들의 정치 효용성은 낮아지고 투표율도 하락한다. 선출직 대부분은 유권자 50%의 지지도 받지 못한다. 더 이상 선출직은 국민의 대표가 아니고, 국회는 국민의 대표기관이 아닌 셈이다. 이것이 대표성의 위기이다. 대표성이 무너지면 대의민주주의는 의미가 없어진다. 이것이 대의민주주의 위기이다.

대의민주주의 위기는 직접민주주의 요소로 해결해야

민주주의를 포기하지 않는 한, 대의민주주의를 대체할 수 있는 현실적 정치 체계는 없다. 세계 어떤 나라도 대의민주주의 원형을 유지하는 나라는 없다. 결론부터 말하면, 대의민주주의 약점을 보완하여 국민 정치 의사를 제대로 반영할 수 있는 민주주의 체계로 개혁하는 것만이 국민과 유리되지 않은 의회정치를 복원하는 유일한 길이다.

대의민주주의 위기와 한계는 숙의와 심의 및 토론이라는 '숙의민주주의' 요소를 적극적으로 도입함으로써 극복할 수 있다. 국회 논의와 정부기관이나 지방자치의 행정정책 결정과정에 참여민주주의 구성요소인 시민들의 자발적 참여, 그리고 유권자 민주주의 요소인 국민발의, 국민소환, 국민투표 등을 통해 유권자의 정치참여 기회를 확대하는 것이다.

대의민주주의에서 '대표성'만 강조하면 '참여' 및 '통치의 정당성'이 약화된다. 서구 민주국가들은 대의민주주의 한계를 극복하기 위해 다양한 이론적 모델을 적용한 '합의적' 혹은 '참여적' 민주주의 요소를 가미해서 성공한 대의민주주의 체계를 구축하고 있다. 그러나 우리나라는 승자독식의 선거제도와 권력구조, 토론과 합의보다는 일방적 지시와 복종에 익숙한 위계적 정치문화, 경험 부족으로 인한 유권자의 자발적 자치와 참여의식 부족 등으로 인해 직접민주주의 참여 요소나 숙의민주주의 심의 요소를 제대로 보완하지 못하고 있다.

시민 요구를 수용하는 숙의민주주의 제도적 요소가 정당체계에 정착되지 못해 시민들의 정치적 참여 요구를 적절히 수용하지 못하면 이에 실망한 시민들은 사회적 의제를 스스로 정하고 흩어진 힘을 규합하여 제도 정치권에 시위로 저항한다. 대표적 사례가 미국의 사회운동으로 등장한 '월가를 점령하라 운동'(Occupy Wall Street Movement)이

고, 우리나라의 '박근혜대통령탄핵촛불혁명'과 '서초동검찰개혁촛불'
이다.

촛불혁명은 기존의 정당체계와 대의민주주의가 사회적 욕구를 적절
하게 대응하지 못해 일어난 저항이었다. 정당의 대표성 위기는 대의민
주주의 한계와 새로운 대안적 민주주의 모델에 대한 논의를 필요로 한
다. 정보통신기술을 기반으로 한 디지털 네트워크 소통 방식의 변화는
새로운 민주주의 모델의 필요성을 제기한다.

앞으로 정치개혁은 시민들의 권력분산 요구를 적극적으로 받아들이
는 방향으로 변화되어야 한다. 직접민주주의 요소를 적극적으로 도입
하여 시민들의 정치과정 참여를 강화하기, 대의민주주의 효율성을 진
작시키기, 대의민주주의와 직접 민주주의 제도적 요소들 간의 갈등과
조화 그리고 균형 찾기에 집중해야 한다. 결국 대의민주주의를 바탕으
로 참여민주주의와 유권자 민주주의를 가미한 새로운 정치 형태로의
개혁이 필요하다.

2

의회 정치 복원

대통령제에서는 대통령 및 정부와 국회 특히 야당과의 협치가 무엇보다 중요하다. 그런데 우리나라 정치는 협치는 고사하고 공론화 과정조차 이루어지지 않는 대립의 장으로 전락해 있다. 오늘날 대의민주주의 체제에서의 국회는 생사를 걸고 치르던 전장(戰場)에서의 전투 방식을 공론을 거친 다수결 원칙으로 바꿔 놓은 민주적 시스템일 뿐이다.

국회의 싸움에는 금도가 있어야 한다. 국회는 이전의 전쟁터가 아니기 때문이다. 대의민주주의 체제인 국회의 다툼은 전쟁터와 같은 생사를 건 싸움이 아니라, 국민이라는 심판을 두고 권력을 다투는 민주주의 체제이므로 일정한 민주적 규칙을 지켜야 한다. 그것은 다수결 원칙이며, 숙의민주주의를 가능하게 하는 공론의 원칙이다.

포용 정치, 포용 경제만이 포용 사회로 갈 수 있어

서구 선진 국가들에서 보듯이 민주주의가 성숙된 나라들에서 경제적 발전은 지속되어 왔다. 이는 서구 민주국가들에서 민주주의가 자유시장 경제에서 발생할 수 있는 모순들을 해결하는 기제로 작동되어 왔기 때문이다.

본래 대의민주주의 다수결주의는 부와 능력을 갖춘 소수 권력에 의해서가 아니라 다수인 일반시민들의 선호와 이익이 존중되고 보호되도록 작동하는 정치체제이다. 대의민주주의는 신자유주의의 자유시장 논리를 거부하고 대신 일반 국민들을 위한 경제민주화와 복지국가를 발전시켜 나아갈 수 있는 유일한 정치체계이다. 다수결의 원칙에 따라 의사결정이 이루어지는 대의민주주의 체제에서는 다수의 사회구성원인 약자들의 바람과 요구에 부합하는 정책 및 제도 마련이 가능하다. 이런 이유로 민의가 있는 그대로 잘 반영되는 대의민주체제에서는 빈부격차와 양극화 문제 해결이 가능하다.

부의 편중과 양극화가 심한 우리나라의 현 사회경제적 상황을 보면 '집합적 결정은 다수 혹은 최대 다수의 선호에 따른다.'는 대의민주주의 기본 원칙, 즉 다수결의 원칙이 관철되지 못하고 있음을 여실히 보여준다. 이것은 우리나라 대의민주주의는 실질적 민주주의뿐만 아니라 절차적 민주주의도 아직 발전하지 못했다는 의미이다.

우리나라 민주주의가 실질적 민주주의로 발전하기 위해서는 사회경제적 불평등 문제를 해소할 수 있는 '유능한 절차적 민주주의' 수립이 필요하다. 유능한 절차적 민주주의 핵심은 주요 사회경제 집단들 모두에게 정치적 대표성을 두루 제공하여 국가정책결정과정에 사회경제적 약자들을 포함한 모든 시민들이 '누구나 동등하고 효과적으로' 참여할 수 있는 절차와 제도를 마련하는 것이다.

　대의민주주의 체제에서 다양한 이익집단들의 정치적 대표성을 보장하는 주체는 정당이다. 노동자, 중소상공인, 청년, 서민 등의 사회경제적 약자들을 정치적으로 대표할 수 있는 여러 유력정당들이 의회 및 정부에 상시 포진되어야만 실질적 민주주의 실현이 가능하다. 다양한 사회 구성원들의 정치적 대표성을 보장할 수 있는 정당체계로의 개혁이 필요한 이유이다.

　서구 민주국가들을 살펴보면 비례대표제는 다당제로, 다당제는 다시 연정형 권력구조로 이어지고 있다. 소위 사회적 합의주의가 잘 이루어지는 독일, 네덜란드, 벨기에, 오스트리아, 스웨덴, 덴마크, 노르웨이, 핀란드 등은 어느 기준에서 보더라도 세계 최고의 보편적 복지국가들이다. 이들의 정치체제는 모두 비례대표제 다당제이며, 연정형 권력구조로 운영되는 국가들이다. 비례 대표제 혹은 합의제는 사회경제적 약자를 포함한 주요 계층의 정치적 대표성을 보장함으로써 포용 정치를 가능하게 한다.

지역주의 정당체계부터 개혁해야

비례대표제 중심의 의원내각제를 시행하는 서구 민주국가들은 민주주의가 성립되기 이전에 사회계층이 존재했고, 이런 사회계층에 토대를 두고 정당이 발전해 왔다. 자신들의 사회계층의 정치적 의사를 국정 운영에 반영시키기 위한 시민조직들과의 연계 속에서 정당이 발전해왔기 때문에 정당은 이념과 정책 지향성을 가지고 출발했다. 그래서 이들 국가들의 정당은 그 뿌리가 깊고 튼튼하다. 그러나 우리나라 정당들은 그러한 발전과정을 겪지 못했다. 신분계층이 존재했던 조선시대는 일본의 강점으로 단절되었고, 해방 후 우리사회에 들어온 민주주의 제도는 서구 민주주의 형식만 차용했을 뿐 그 본질까지 담아내지는 못했다.

타협과 합의의 정치는 정책과 이념에 기반을 두고 이루어지는 것이다. 그런데 지역주의에 기댄 우리나라의 정당 환경에서의 연립정부는 특정 인물이나 지역 이익 중심으로 이루어질 수밖에 없다. 이런 정부 형태에서는 노동자나 중소상공인 등과 같은 사회경제적 약자 집단들의 정치적 선호와 이익이 정책과정에 체계적으로 반영될 가능성은 거의 없어진다.

지금처럼 지역주의 거대 양당제가 지속된다면 의원내각제는 물론 분권형 대통령제도 실질적으로는 현행 대통령제와 크게 다를 바 없다. 제1당에 의한 승자독식 현상은 유지될 것이다. 영국이나 과거 뉴질랜드 정치가 보여주었듯이 양당제의 의원내각제에서는 여당 독주의 다수제 민주주의가 결론이었다. 양당제 의원내각제에서도 의회 다수당이 단독으로 행정부를 구성하고, 그 정당 대표인 수상이 행정부와 입법부를 모두 장악한다.

양당제 체제에서의 분권형 대통령제도 여소야대 상황에서의 동거정부가 형성되는 경우를 제외하고는 여당이 대통령과 내각을 독점하는 다수 독주정치가 결론일 수밖에 없다. 결론은 양당제가 유지되는 한 의원내각제이든 분권형 대통령제이든 권력구조가 무엇이든 간에 권력구조의 개편만으로는 합의제 민주주의로의 발전은 없다는 것이다.

정당 개혁이 의회정치 복원의 본질

이합집산이 대의민주주의 위기 초래

우리나라 정당 체계는 서구 민주주의 제도의 이식과 모방, 분단의 역사, 권위주의 독재정권에 의한 역행, 민주화와 절차적 민주주의 확립, 헌법에 보장된 권리 실행을 위한 제도 개혁 등을 통해 현재의 모습을 갖췄다. 민주주의의 제도적 측면과 절차적 측면에서는 우리나라는 서구 민주국가들과 수평적 비교가 가능할 정도로 발전했다.

그런데 우리나라 의회정치는 대의민주주의를 제대로 수행하지 못한다는 비판과 함께 국민들로부터 불신 받고 있다. 헌법이 보장하는 지위와 권한만큼 정당 기능과 역할이 정치에 기여 하지 못하고 있다. 특히 정당의 비민주적 운영이 국회의 공론장 역할을 방해한다. 이것이 의회정치 위기를 조성했고, 종국에는 대의민주주의 자체의 위기를 초래할 수 있다.

정당 위기는 우리나라만의 현상은 아니다. 시민 계층에 토대를 두고 대중 이념 정당으로 성장해온 서구 민주국가들에서도 유사하다. 1970년대 초를 정점으로 총선 투표율 하락과 당원 수의 감소, 투표선택에서의 정당 일체감 약화, 국고보조금 의존도 증가와 정당 자금 투명성 문제, 거대 정당 정책적 중도 수렴 및 카르텔화 등이 서구 민주국가들에서 나타나는 정당 위기의 공통된 현상들이다. 우리나라도 2000년대 이후 이러한 정당 위기를 알리는 현상들이 동일하게 나타나고 있다.

우리나라 정당 위기는 이념 없는 정당들의 비민주적 운영 형태에서 비롯된 면이 더 크다. 정당은 지지자들의 정치적 의사를 의회정치에 반영하는 대의 기능이 중요한데, 의원들에게는 지도부의 결정이 더 중요하다. 이념정당이 분화되지 못한 우리나라 정당들은 지역주의에 토대를 두고 발전해 왔다. 승자독식의 정치구도에서 지역주의 정당 체계로 인해 떼쓰기 정치가 난무하고 공천제도가 비민주적으로 운영되다보니 의원들에게는 지역구 주민들의 정치의사 반영보다는 정당 지도부의 결정이 더 중요할 수밖에 없다

우리나라 정당들은 '100년 정당'을 주장하고 나타나지만, 지지도가 조금만 떨어져도 당명을 바꾸고 이합집산을 반복한다. 선거 때마다 정략적 차원에서 이루어지는 정당 간의 합종연횡은 책임 있는 정당정치 실현을 불가능하게 해왔을 뿐만 아니라, 유권자 정치 의사를 투표에 반영하기 어렵게 해왔다. 이른바 3김 시대 정치 악습이 지금까지 계속돼

당내 유력계보들의 패권적 지배구조가 잔존하고 동원정치와 하향식 정치체제의 폐단이 이어지고 있다.

정당 지도부 중심의 권위주의 의사결정구조로 인해 주요 쟁점과 분당, 합당과 같은 주요 사안들마저도 소수의 밀실 합의로 결정되는 경우가 너무도 많다. 민주적 공론화를 통해 당내 갈등을 봉합하는 정당 시스템이 없어 지도부 결정에 불만 있는 세력은 집단적 탈당 즉, 분당이라는 극단적 행태를 보인다.

정당이 제대로 기능하면 대의민주주의 위기는 오지 않는다. 우리나라의 의회정치 위기, 대의민주주의 위기의 근본적 문제는 정당의 위기에 뿌리를 두고 있다. 정당의 민주적 운영이 어려운 조직적 한계와 당지도부에 의해 좌우되는 공천시스템 구조에 그 원인이 있는 것이다.

정당원과 유리된 정당 조직

정치학자 메어(Mair 1994)는 정당 기능을 '유권자 속의 정당'(party on the ground), '중앙조직으로서의 정당'(the party central office), 그리고 '공직으로서의 정당'(the party in public office)으로 분류하였다.

유권자 속의 정당은 당원이 참여하는 최고 기구로서 정당원의 정치적 의사를 수렴하고 동원하는 정당 조직에 관한 기능이다. 중앙조직으로서의 정당은 후보를 공천하고 정당 정책을 마련하고 선거를 위한 모든 사무를 집행하는 정당의 핵심 기능을 담당하는 중앙기구의 기능을 말한다. 공직으로서의 정당은 국회 안 원내정당 및 집권당 등으로 의사를 결정하는 상위기구로서의 기능이다.

우리나라 정당은 유권자 속의 정당 기능인 정당의 하위기구의 구성과 운영이 매우 취약하다. 우리나라 정당법 제3조는 중앙당 주소를 서울에 두도록 규정하여 지역당 창당을 제도적으로 제한하고 있다. 또한 운영자금 등 모든 예산을 중앙당이 내려주는 구조여서 정당의 중앙 집권화가 매우 심하다.

이러한 권위주의적 정당 구조는 결국 중앙당과 시·도당 사이의 의사결정력에 불균형을 초래하는 요인으로 작용한다. 중앙당과 시·도당, 그리고 지역 위원회의 의사결정 구조 불균형은 지역 평당원의 정당 참여를 제한하는 결과를 가져온다. 정기적으로 당비를 납부하는 진성 당원이 정당 의사결정과정에 직접 참여하는 비율은 낮다. 진성 당원의 의사결정 참여는 정당 대표 선출, 후보 선출 등 극히 한정된 부분만 가능하다. 이로 인해서 유권자와 정당이 유리된다.

정당 민주화는 지역 분권화와 지역 유권자 참여 차원에서 논의되어야 한다. 진성당원의 민주적 참여가 자유로운 민주적 정당으로 개혁되어야 한다. 당원과 유권자가 참여할 수 있는 다양한 형식의 소통 공간이 지역 정당에 구축되어야 한다. 지금까지 정당 운영구조는 공천권 행사를 독점하고자 하는 목적에서 중앙당 중심으로 의사결정이 이루어졌다. 시·도당이나 과거의 지구당은 동원을 위한 하부조직으로만 활용된 측면이 강했다. 이러한 과거 지구당 운영 시스템으로는 지역 유권자들이 자발적 정당원으로 활동할 공간을 마련할 수 없었다. 유권자들은 정치 효능감을 느끼지 못했으므로 지구당 운영비용을 부담하지 않았다. 정당원 없는 지구당이 운영되었고, 지구당 운영비용을 중앙당이나 지역 정당위원장이 부담해야 했다. 결국 과거 지역 정당 조직은 '돈 먹는 하마'라는 비판과 함께 폐지되었다.

앞으로는 진성 당원들이 중심이 되어 자체적으로 지역 정당 비용을 조달하고 직접 운영하는 체계로 발전해야 한다. 진성당원들의 지역 정당 정치 참여를 높여 그들의 정치적 효용감을 높여야 한다. 중앙당 중심의 의사결정 시스템에서 벗어나, 지역뿌리 정당조직을 부활시켜 자발적 조직과 운영 시스템을 갖춘 지역 정당을 조직해야 한다. 이들 지역 정당에 지역의 진성 당원들이 모여 스스로 의제를 선택하고 의결하여 중앙당 또는 지역 정당 정책에 반영시킬 수 있는 당내 민주화를 이룩해야 한다. 진성당원 중심으로 지역 정당이 자율적으로 조직되고 운영될 수 있게 됨으로써 현재의 정당 위기를 벗어날 수 있게 될 것이다.

결국 정당의 분권화가 추진되어 진성당원이 정당의 정책의사결정에 직접 참여할 수 있어야 정당의 민주화 문제는 해결될 수 있다. 이를 위해 각 정당은 시·도당이 직접 정책을 개발하는 지역 싱크탱크를 구축하고 자발적으로 운영할 수 있어야 한다. 이를 통해 상향식 공천제도가 완성되어야만 가능하다. 상향식 공천이 가능하게 되면 지방의 유력인사들에 의해 지역 정당이 좌우될 수 있는 경향성도 높다. 이에 대한 대비책 마련도 중요한 과제가 된다. 우리나라 정당들은 외형적으로는 대중정당 구조를 갖추고 있다. 그렇지만 자발적 하부 조직으로서 지역 정당이 체계화되고 활성화되지 못했기 때문에 실질적인 지역 하위 조직을 구축하기는 쉽지 않다. 따라서 정당 조직의 한계와 실질적 구성원 간의 괴리를 어떻게 극복하느냐 하는 것이 결국 정당 민주화 강화를 위한 본질적 문제이다.

정당 민주화는 공천개혁을 통해서만 해결 가능

정당 민주주의는 공천 시스템과 맞물려 있다. 거대 정당의 정치인들은 민심을 중시하지만, 민심과 다르게 지도부 명령에 따라 일사불란하게 행동하는 데에는 공천권이 크게 작용한다. 공천 결정과정의 민주적 제도가 완비되지 않으면 의원은 당내 공천에 영향을 미치는 정당 지도자들의 입장에 반하는 정치를 하기 힘들다.

정당 내 공천제도가 민주적 시스템으로 개혁되지 않고서는 당내 민주화는 요원하다. 공천개혁을 실현하는 과정에서는 지역에서 후보를 결정하는 상향식 공천제도 그리고 특정 지역에 대해 중앙당이 전략적으로 지명하는 하향식 공천제도의 필요성이 상충할 수밖에 없다. 이를 해결하는 방안을 놓고 각 정당은 꾸준히 연구하고 노력해야 한다. 이때 해결 방안의 기준은 당내 민주주의를 저해하는 것이어서는 안 된다는 것이다.

우리나라 정당들이 정치적 대표 기능을 복원해 대의민주주의를 실현하는 핵심 역할을 수행하기 위해서는 첫째, 소통 방식의 변화가 필요하다. 앞서 논의했듯이 소통 형태가 하향식(Top-down) 방식이 아닌 상향식(Bottom-up)방식으로 변해야 한다. 실질적이고 효과적인 소통이 되지 않는다면 정당과 유권자 간의 접촉이 증가하더라도 정당에 대한 유권자 만족도는 높아지지 않는다. 유권자의 인식과 태도에 대한 이해가 선행되어야 진정한 쌍방향의 의사소통이 가능하게 된다.

둘째, 대의민주주의 핵심인 주민대표의 대의 기능에만 주목할 것이 아니라 직접민주주의 핵심 요소인 정치 참여를 보완하는데도 관심을 두어야 한다. 직접 민주주의 핵심 요소들이 갖춰진 정당 민주주의체계가 구축되면 유권자들의 정치 참여는 단순히 그들의 정치 효능감과 만족도를 높이는데 그치지 않을 것이다. 자신들의 대표가 자신들의 정치적 선호를 제대로 대변하지 못할 경우 그를 통제하는 수단으로 작동할 것이다. 정당에 직접 민주주의 요소를 도입하는 것이 당내 민주주의로 가기 위한 정당 개혁의 방법이다.

셋째, 정당의 기능 회복을 위한 전제 조건으로 유권자의 정치와 정당에 대한 신뢰 회복이 매우 중요하다. 정당과 정치에 대한 공적 신뢰도는 매우 낮다. 정치에 대한 불신이 높아지면서 유권자들은 정치권 밖에서 촛불시위와 같은 저항적 참여는 늘어나는데, 투표 참여는 낮아지고 있다. 따라서 공적 신뢰가 제고되어야만 '관습적 참여'가 제고되어 대의민주주의 위기는 극복될 수 있다.

넷째, 변화하는 정치 환경에 적합한 정당 조직의 체계적이고 미시적인 디자인이 필요하다. 예를 들어 2004년 정치관계법 개정으로 중앙당이 축소되고 지역 정당은 폐지되었으며, 시·도당 중심으로 당원을 관리하고 있다. 그러나 체계적인 당원 양성과 관리, 지역주민과의 지속적인 소통의 필요성 등으로 인해 최근 지역 정당 부활에 대한 논의가 뜨겁다. 지역 정당 부활 논의를 떠나서 중앙당과 정치권 차원에서 진성당원의 양성과 관리의 필요성에 대한 의식이 제고되어야 한다. 당원이 없는 정당은 장기적으로 생존할 수 없기 때문이다. 유권자의 요구에 반응하고 참여를 수용할 수 있는 체계적이고 미시적인 정당 조직이 디자인되지 않고서는 정당 기능의 복원도 대의민주주의 위기 극복도 쉽지 않을 것이다.

4

헌법 개정 논의와 권력구조 개편

현재의 헌법체계는 개정된 지 30년이 지났다. 그 동안 많은 변화가 있었다. 개헌은 국가질서 전체의 기본 틀을 바꾸는 것이므로 국정전반에 미치는 그 파급효과가 매우 크고 장기적이다. 헌법을 '함부로' 바꾸지 못하도록 한 것은 우리 현대사의 아픔이기도 하다. 지난 독재정권들이 자신들의 정권 연장과 권력 강화를 위해 헌법 개정을 해온 탓이다. 까닭에 현재와 같이 헌법 개정의 필요성이 절실하고, 국민 공감대가 강함에도 헌법 개정 논의는 한발자국도 앞으로 못나가고 있다.

헌법도 역사적 변화 속에 있으며, 시대가 변하면 국가질서도 바뀌고, 헌법도 바뀔 수 있다. 다만 헌법을 개정해야 할 정도의 중대한 변화가 무엇인지 여부를 판단하는 주체와, 논의과정에서 논의 주체가 얼마나 다양하게 포함되어야 하는가의 포괄성 문제가 무엇보다 중요하다.

87년 헌법체계의 개정 필요성

대한민국 헌법 역사의 가장 큰 문제는 제헌과 개헌과정에서 권력자의 입맛에 맞게 국가 통치원리가 왜곡·변질되고, 갑작스럽게 변경되었다는데 있다. 헌법 제정당시 내각제 개혁안으로 준비된 헌법기초 안은 이승만 대통령이 강압적으로 대통령제를 주장하면서 의원들이 대통령을 뽑는 간선제 대통령제가 만들어졌다. 그 후 이승만 정권은 재집권을 위해 국민직선제로 바꾼 것이 개헌의 왜곡·변질과정의 대표적 예이다. 또한 제1, 2, 3공화국 개헌과정에서 대통령제 -내각제-대통령제로의 권력구조 변경은 당시 권력자들과 집권 세력의 구미에 맞춘 '변경'이었다.

현행 헌법도 예외는 아니다. 1987년 민주화운동의 결과로 이른바 '87년 헌법 체제'가 구축되었다. 이전의 전두환 정권에 대한 국민적 저항과 민주화 요구는 1985년 2·12 총선을 치르면서 '대통령 직선제 개헌'에 대한 요구로 집약되었다. 야당과 재야단체는 대통령 직선제 개헌을 위한 천만인 서명운동으로 민주화운동을 이끌어 갔다. 마침내 신군부가 6·29선언을 통해 대통령 직선제 요구를 수용하면서 민주화는 시작되었다. 6·29선언 직후 여야 정당 간의 헌법 개정 논의가 본격화되었다. 특히 당시 여당인 민정당과 제1야당이었던 통일민주당 간의 '8인 정치회담'[8]이 헌법 개정 논의 과정에서 중요한 역할을 수행했다. 8

---

8) 민정당에서는 권익현·윤길중·최영철·이한동 의원이, 통일민주당에서는 이용희·이중재(김대중계) 의원이, 박용만·김동영(김영삼계) 의원이 참여했다.

인 정치회담 합의를 토대로 국회 헌법개정특별위원회는 1987년 10월 12일 헌법 개정안에 대한 투표를 실시하여 찬성 254명, 반대 4명으로 통과시켰다. 이후 10월 27일 국민투표에서는 78.2%의 유권자들이 참여하여 93.1%라는 압도적 지지로 개헌안을 승인했다.

그런데 '87년 헌법'은 기본적으로는 '대통령 직선제'를 요구한 국민의 뜻에 의해 추동되어 속전속결로 개정되었지만, 여야 8인 회담은 비공개로, 속기록이나 자료 하나를 남기지 않았다. 그래서 어떤 과정을 거쳐 만들어졌는지 알려진 바가 거의 없다. 6·29선언을 통해 정치적 게임의 룰이 '대통령 직선제'로 정해진 이상 다른 사안들은 부차적인 것에 불과했다. 당시 김영삼 총재는 "직선제가 이미 합의돼 개헌안의 90%가 사실상 타결된 것이나 마찬가지이므로 사소한 문제에 구애될 것 없이 양보할 것은 양보하겠다."고 말했다.

당시 개헌 논의는 철저하게 대통령 직선제에 집중되었다. 따라서 국민 기본권과 국가 미래에 대한 논의가 제대로 이루어질 상황이 아니었다. 국민 기본권과 직접민주주의 요소, 미래에 대한 논의 부족, 그리고 이후 제왕적 대통령제의 문제점 등이 나타나자 '87년 헌법'에 대한 개헌 요구가 정치계와 사회 일각에서 꾸준히 제기되어 왔다. 향후 헌법 개정은 현행 '87년 헌법체계'가 야기하고 있는 문제점을 해소하고, 대한민국의 미래를 열 수 있는 헌법을 마련하는 방향으로 논의되어야 한다.

헌법 개정을 요구하는 입장들은 대체로 세 가지의 필요성을 중심으로 정리할 수 있다.

첫째, '87년 헌법'이 제정된 지 30여년의 세월이 지나 시대에 뒤떨어진 부분을 개정해야 한다. 그 동안 우리나라는 다양한 정치적·사회적 변화를 경험했고, 이런 변화를 헌법에 수용해야 할 필요성이 있다. 예컨대 정보·통신기술의 발달에 따른 생활현실의 변화, 저출산·고령사회에 따른 인구구조의 변화가 국가 및 사회에 미치는 영향을 헌법질서에 담아 국가의 미래 운영 시스템을 업그레이드해야 할 필요가 있다.

둘째, 최순실 국정농단 사태를 통해 확인된 제왕적 대통령의 문제를 해결해야 한다. 국가권력을 분권화하여 직접민주주의 및 대의민주주의 체제를 두고 벌어지는 정치권과 시민사회의 첨예한 갈등과 대립을 해결할 수 있는 새로운 헌법 질서가 필요하다. 제왕적 대통령 출현을 막기 위해 국가권력의 분권 필요성에 대한 공감대는 형성되고 있다. 그러나 아직 분권 방법과 정도에 대해서는 더 폭넓게 논의할 필요가 있는 상황이다.

셋째, '이중배상금지' 조항과 같은 현행 헌법의 독소조항에 대한 정리와 국민 주체성을 제고하기 위한 국민주권과 직접민주주의에 대한 열망이나, 국민 기본권, 생명권과 안전권, 노동권 등 국민권리 증진에 대한 요구를 담아낼 새로운 헌법질서가 필요하다.

헌법이 최고 법전으로서 위력을 발휘하기 위해서는 논의 과정이 투명하게 국민들에게 알려지고 국민들의 합의를 얻어가며 만들어져야 한다. 그럼에도 우리나라 헌법 개정의 역사는 예외 없이 비민주적 절차의 반복과정이었다.

헌법 개정 논의 방향

권력구조 개편 논의는 다음 네가지 측면을 따져 보아야 한다.

첫째, 제왕적 대통령제 해소가 갖는 의미와 비중을 정확히 평가해야 한다. 제왕적 대통령 문제는 2018년 3월 당시 조국 민정수석이 정부 개헌안을 발표하면서 강조했던 촛불혁명의 완성이라는 측면에서 보더라도 결코 가볍게 다룰 수 없는 문제이다. 촛불혁명의 핵심은 박근혜 대통령 퇴진이었다. 박근혜 대통령 탄핵으로도 촛불혁명이 완성되지 못했다. 향후 박근혜 대통령 같은 또 다른 제왕적 대통령의 출현을 막기 위한 제도 개혁이 필요하다. 이런 차원에서 가장 중요한 과제는 대통령제의 권력구조 문제를 해소하는 것이다.

둘째, 개헌은 21세기 변화된 시대적 상황에 맞추어 국가 체계의 효율성을 최적화시키는 방향으로 논의되어야 한다. 헌정사를 보면 권력자들은 경제성장이란 당면 목표를 명목으로 내걸고 권위주의적 국가시스템을 구축하여, 독재 권력의 집권 연장과 통치권을 강화하는 방향으로 헌법을 수차례 개정했다. 민주화에 성공한 1987년 개헌에서도 국가 운영의 효율성을 높이기 위한 국가 시스템을 업그레이드하는 권력 분산과 의사결정 체계에 대한 본질적 논의는 이루어지지 못했다. 대통령 직선제만을 중점 논의하여 개헌한 결과, 본질적으로 바꿔야 할 국가 운영시스템은 개선되지 않았다. 현재의 국가시스템은 21세기 디지털네트워크 시대에는 맞지 않는다. 따라서 21세기 디지털네트워크 사회에 걸맞게 국가 기관들이 제 기능을 다할 수 있는 국가운영시스템을 구축할 수 있도록 헌법 개정 논의가 이루어져야 한다.

셋째, 헌법개정에 대한 주권자인 국민의 의사를 제대로 확인하고 반영해야 한다. 민주국가라면 주권자인 국민 의사를 최대한 반영하는 국가질서 형성이 당연하다. 촛불시민혁명을 통해 국민들은 국민주권과 직접민주주의에 대한 강력한 열망을 보여주었다. 시민들의 의견표출과 총화가 쉬워진 디지털네트워크 사회가 열리면서 시민들은 자신들의 정치적 선호를 국가 의사결정과정에 직접 반영하고자 한다. 그런데도 국가기관들은 여전히 국민들의 정치적 선호나 의사를 반영하는 데는 등한시하고 있다. 그것은 아직도 중앙에 집중된 권력에 힘입은 권위주의적 체계가 존속하기 때문이다.

넷째, 공동체복지사회로 가기 위한 국민 생활을 최우선 과제로 두고 개헌 논의가 이루어져야 한다. 무엇보다도 이번 개헌은 '국민생활중심'이어야 한다. 국민이 바라는 대한민국은 국민의 자유와 안전, 최소한의 인간다운 삶을 보장해 주는 나라이다. 따라서 이번 개헌은 국민 기본권 확대, 국민의 자유와 안전, 삶의 질 보장, 직접민주주의 확대 등 국민 권한을 강화하는 방향으로 개헌 논의가 이루어져야한다.

권력구조 개편에 대한 논의

우리나라 헌정사를 보면 개헌의 핵심은 항상 권력구조 개편이었다. 어떤 권력구조도 완벽한 제도는 없다. 미국은 대통령제로 성공했지만 실패한 나라들도 많다. 의원내각제로 성공한 영국이나 독일 등이 있지만, 프랑스의 경우처럼 오랜 기간 내각제를 시행하다 분권형 이원정부제 정부형태를 채택해서 성공한 국가도 있다. 선진 민주주의 국가들에서 보는 바와 같이 제도 자체의 장단점보다는 각국의 현실이 어떤 제도를 성공시킬 수 있는 조건인지가 더욱 중요하다. 따라서 권력구조는 한나라의 국내외적 정치적 상황, 역사적 발전과정, 국제 역학관계까지 모두 고려되어야 한다.

우리나라와 같이 강대국 사이에 놓인 분단국은 일정 수준 이상의 강력한 국가리더십이 필요하다는데 국민적 공감대가 형성되어 왔다. 4년 중임 대통령제는 노무현 대통령의 선거공약사항이었고, 2005년부터 2007년에 걸쳐 정치권에서 활발한 논의 끝에 총의로 모았던 방안이다.

2006년 지방선거 이후 개헌이 야당의 반발로 지지부진해지자, 당시 노무현 대통령은 2007년 초 임기 말 대통령으로서 4년 연임 대통령제로의 원 포인트 개헌을 제안했다. 개헌 논의에 정국 주도권을 놓칠 것을 두려워했던 당시 야당인 한나라당의 반발로 개헌에 대한 논의는 차기 제18대 국회에서 다루기로 합의하면서 개헌 시기를 늦췄다.

4년 중임 대통령제로의 정부형태 변경을 논의할 때 국무총리제도의 존폐와 부통령제도의 도입 필요성에 대한 논쟁 역시 불가피하다. 현행 국무총리제는 제헌 헌법 제정 당시 헌법을 기초하는 자의 내각제 국정 운영 주장과 정치적 헤게모니를 장악한 이승만 세력의 대통령제 주장의 야합으로 탄생된 정부형태이다. 겉은 대통령제이고 속은 내각제인 제헌헌법의 전통에서 우리나라 헌법상 국무총리제는 내각제적 요소의 핵심이었다. 국무총리를 국회의 동의를 얻어 임명하도록 하는 현행 제도는 의원내각제적 요소이다. 이는 대통령제와 어울리지 않는다. 제헌헌법 제정을 위한 정치적 타협의 산물로 나온 국무총리제도는 권위주의적 대통령제 하에서 '방탄총리', '대독총리' 등으로 불리며 제대로 위상을 확보하지 못했다. 역대 국무총리들은 실질적 권한이 없었다. 단지 대통령이 져야 할 정치적 책임을 대신함으로써 대통령직을 성역화시키는 기능만 수행해 왔다.

부통령제를 도입하자는 제안은, 국무총리제도가 대통령제와 체계적으로 어울리지 않는다는 점, 대통령 유고시에 민주적 정당성이 약한 국무총리가 대통령의 권한을 대행하는 것이 문제라는 점, 그리고 대통령과 국회 사이의 임기 일치의 필요성 등의 이유로 제기되고 있다. 또한 현재 대통령선거가 실질적으로 영호남간의 지역대결 양상으로 이루어지는 현실 속에서 정·부통령 후보가 지역연합으로 이루어진다면 이러한 문제점을 완화할 수 있다는 주장도 있다. 그러나 우리나라와 같은 지역주의 정당체계 하에서는 우려도 제기된다. 예를 들어, 지지기반이 취약한 지역에서 득표를 위해 부통령후보를 정해 당선되었다가 해당 부통령이 대통령직을 승계한다면 대통령으로서의 그 임무를 제대로 수행하기 어렵다는 비판도 있다. 대통령중임제로 개헌할 경우 국무총리제 존치여부와 함께 부통령제 등 다양하게 논의되어야 한다. 이는 우리나라 헌법사에 엄존해온 내각제적 전통에 대한 재검토와 동시에 대의민주주의 정치에서의 정당체계의 질적 변화와도 직결되는 문제이기 때문이다.

대통령제의 분권 한계

최순실 국정농단을 지켜보면서 국민들은 제왕적 대통령제의 문제점을 인식했다. 대통령제를 주장하는 입장들도 해결 방법으로 분권을 강화해야 한다는 필요성에 대해 공감하고 있다. 2018년 3월 제안한 대통령 개헌안 발의에서도 대통령 권한을 대폭 축소했다고 주장했다.

권력 분산을 위해 부통령제를 도입하자는 주장도 있지만, 대통령제 하에서 분권은 대통령의 권한을 축소하고 국회의 권한을 강화하는 것이 바람직하다. 그 방안으로는 정부 법률안제출권 삭제, 정부 예산과 인사에 대한 국회 통제 강화 등이 있다. 이러한 제도적 변화만으로 미국 대통령제와 같은 성공을 장담할 수 없다. 이유는 대통령제 나라들의 실패 원인이 헌법상 제도가 불충분해서가 아니라 해당 국가의 정치문화가 대통령제를 뒷받침하지 못하기 때문이다.

미국 대통령제 성공 배경은 미국의 민주적 정당제도와 선거제도, 그리고 이를 통한 의회에 대한 유권자들의 합리적 통제가 가능했기 때문이다.

미국 대통령은 대한민국 대통령에 비해 그 권한이 훨씬 약하지만, 1970년대 미국에서도 제왕적 대통령이란 용어가 있었다. 미국의 경우 대통령 정책이 불합리하다고 판단되면 여당 의원들도 대통령을 통제한다. 의회의 정부 통제권이 이처럼 실질적으로 작동하고 있기 때문에 미국 대통령제가 성공할 수 있었다.

지방분권화가 잘 이루어진 미국의 연방제에서도 대통령제 성공 원인을 찾을 수 있다. 50개 주(州)들은 독자적 입법권과 집행권, 사법권을 가지고 있다. 이를 통해 연방의 역할 내지 권한이 과도하게 확장되는 것을 억제해 왔고, 때로는 새로운 정치적 대안을 제시해 왔다. 이 점은 미국 대통령제의 중요한 성공조건의 하나로 볼 수 있다. 적어도 현 단계에서 우리나라에서는 여당이 대통령을 통제하는 것을 기대하기 어렵다.

대통령제 성공을 위해서는 국가권력 구조의 개편만 가지고는 안 된다는 결론에 쉽게 도달할 수 있다. 미국의 경우처럼 우리나라도 대통령제를 성공시키기 위해서는 정치 문화를 바꿔 정부를 통제할 수 있도록 의회정치가 복원되어야 한다. 의회정치가 복원되기 위해서는 각자가 헌법기관인 의원들이 대의민주주의 대전제인 국민으로부터 위임받은 권한을 가지고 자신의 신념에 따라 정치를 할 수 있도록 정당 민주화가 이루어져야 한다.

정당 민주화를 위해서는 현재와 같이 당 대표나 지도부에 의한 중앙집권식 의사결정 구조를 혁파하고, 치열한 당내 토론문화가 조성되어야 하며, 공천제도의 민주화가 이루어져야 한다. 뿐만 아니라 현재와 같은 지역주의 정당이 이념 정당으로 성장 발전해야 한다. 이들을 한 번에 개혁하여 정치 문화를 일순간에 바꿀 수는 없다. 따라서 본질적인 것을 헌법에 담아놓고, 각 분야에서 한걸음씩 나아가야 한다. 우리의 민주주의 역사가 이제 70년밖에 안되었는데, 이만큼 발전한 것은 매우 훌륭한 결과이다. 오늘의 문제점만 보고 권력구조나 제도들을 논의 할 것이 아니라, 정당성에 근거한 미래를 위한 구조와 제도를 만드는 긴 호흡과 장기적 안목이 필요하다.

지방분권적 권력구조 개편을 위한 방향

저출산, 양극화, 일자리, 주택가격, 복지문제 등 주민복리에 관한 사무는 지방 정부가 책임을 갖고 지역 실정에 맞게 수행할 일반사항이다. 지방정부가 이를 잘 수행할 수 있도록 권한과 책임, 재원을 마련해 주고 임무를 위임해야 한다. 대통령이나 중앙정부는 국가 핵심역량을 집중해야 한다. 이와 같이 중앙정부와 지방정부 간 합리적 역할 분담이 바로 지방분권이다.

중앙집권체제에서 대통령의 지나친 권력 행사는 지방정부의 지방자치권을 침해할 수 있다. 일부 의원들은 지방분권은 개헌사항이 아니며 개헌이 없이 의원 입법만으로도 얼마든지 할 수 있다고 주장해 왔다. 국회가 할 수 있는 입법을 먼저 해야 한다.

구체적으로는 국회와 정부는 먼저 '지방자치법' 제22조 단서 조항인 주민의 권리 제한, 의무 부과, 벌칙제정권 법률유보 조항을 삭제하고, 지방의회의 조례입법권 범위를 확대해주어야 한다. 그리고 여야 합의를 통해 국가특별지방행정기관을 지방정부에 이관해 주고, 국회의 입법과정에 지방정부 참여를 가능하게 하여 자치경찰제, 교육자치제에 대한 제도 관련 입법을 할 필요가 있다. 지방정부 재정 확보를 위해 국세를 대폭 지방세로 이양해 국세 대비 지방세 비율을 높여줘야 한다.

또한 국세인 부가가치세와 지방세인 재산세를 맞교환하여 지역적 속성에 맞는 산업을 육성할 수 있는 길을 열어주는 것도 한 방법이다. 이를 위해서는 현재 일정 비율로 부과하고 있는 부가가치세를 소비세로 전환하고, 지방의 조례를 통해 품목별로 소비세 비율을 정할 수 있는 길을 터주는 것도 지방분권화와 함께 지역 경제를 활성화시킬 수 있는 방안이 될 수 있다. 이런 여러 가지 방안에 대해서 의견이 다양할 수 있으나 종극적으로 지방분권을 강화해야 한다.

요즘은 지방 경쟁력으로 국가 경쟁력을 높일 때이다. 그런데 현재 우리나라 헌법은 중앙집권적 국가 권력구조를 정당화하고 있다. 이로 인해 지방자치가 활성화되지 못하고 국가경쟁력은 나날이 낮아지고 있고, 지방분권에 대한 피로감만 확대되고 있다. 지방분권화를 포함하여 모든 분권은 국가 발전을 위해 협치로 연결되어야 한다. 권력을 분산시키고, 분산된 권력들이 불협화음을 이뤄서 국정의 비효율성을 야기할 경우에는 결국 그 피해가 국민들에게 돌아가고, 분권 자체의 정당성이 의심받게 된다. 그러므로 분권 이후에는 협치를 통해 국정운영의 효율성확보를 위해 노력해야 한다.

헌법 개정은 국민의 힘으로

현행 헌법에 따르면 개헌안은 국회와 대통령만이 제출할 수 있도록 규정되어 있다. 지금까지의 개헌은 자신들의 통치 권력을 강화하기 위해 권력구조를 개편하는 수단으로 독재자들이나 지배 권력들이 주도해 왔다. 그러나 20대 국회 개헌안 논의에서는 국민이 직·간접적으로 참여하여 개정안이 마련될 수 있도록 국민개헌 내지 국민참여 개헌을 주장했다. 이제라도 국민이 참여하는 공개 논의가 이루어지는 것을 다행으로 생각한다. 20대 국회에서는 개헌특위를 구성하고 전문가들과 함께 논의를 시작한 것은 그나마 다행이었으나 야당의 비협조로 개헌이 이루어지지 않아 매우 아쉽다.

일부 몇 개의 아젠다 중심으로 정치권이 일방적으로 만들어 제안한 개헌안에 대해 국민들이 찬반을 결정하도록 하는 개헌을 '국민(참여) 개헌'이라고 평가하기는 어렵다. 전문가들이 국회에서 논의되는 과정에 참여했다고 해서 국민참여 개헌이라고 할 수도 없다. 진정한 의미의 국민참여 개헌이 되기 위해서는 개별적인 개헌 쟁점들에 대해 공청회 등 다양한 방법으로 국민의사를 수렴해야 한다.

향후 개헌을 위한 공청회는 공청회별로 제기된 의견이 무엇이고 어떻게 반영되었는지를 투명하게 밝히는 과정이 필요하다. 또한 공청회 형식 또한 한정된 장소에 개최할 것이 아니라 공개적으로 방송이나 디지털 네트워크를 이용해 실시간 공청회 공개와 함께 여론의 추이까지 확인하고 반영할 수 있는 방안을 강구하고 행할 필요가 있다. 정작 국민 의사를 얼마나 객관적이고 공정하게 수렴하고 반영되는지는 확인할 수 있는 방안으로 공청회가 개최되어야 한다.

지난 2017년 국회 개헌특위가 전국 11개 도시에서 개헌에 대한 국민 대토론회를 개최하였다. 개헌자유발언대 등을 설치하였음에도 불구하고 성과가 크지 않았다. 국회의 개헌특별위원회 논의가 지지부진해지자 문재인 대통령은 2018년 지방선거와 동시에 개헌을 추진하기 위해 국민헌법자문특별위원회를 구성하고 개헌안을 마련했다. 그러나 아쉽게도 이 과정 역시 기간이 짧아 국민의사를 충분하게 수렴하지 못했다는 평가를 받는다. 향후 개헌 논의는 과정을 투명하게 하고, 적극적인 국민 참여를 유도한 방향으로 마련되어야 한다. 21대 국회에서 더 활발한 개헌논의가 이루어지고 실제로 개헌이 추진되도록 앞장설 것이다.

제4부

·

한반도 평화로 가는 길

1

통일 논의

한반도 비핵화와 교류협력의 길

2018년 4월 27일 남북 정상의 판문점 선언은 '완전한 비핵화를 통한 핵 없는 한반도를 실현한다'는 공동의 목표를 확인함으로써 한반도 평화와 번영의 시기를 가져오는 초석을 마련하였다.

2018년 6월 12일 싱가포르에서 열린 사상 최초의 1차 북미 정상회담에서 북한과 미국은 북미 외교관계 수립, 평화체제 구축을 위한 공동 노력, 한반도의 완전한 비핵화를 위한 북한의 노력, 6·25전쟁 당시 미군 포로·전사자 유해 발굴 및 송환 등을 담은 공동성명을 채택함으로써 한반도의 평화와 번영의 시대가 오고 있음을 천명하였다. 이후 남북은 서해상 국제상선통신망 운용 정상화, 통일농구경기 평양 개최, 동·서해지구 군통신선 복구, 동해선 및 경의선 북측 연결구간 공동점

검, 금강산 산림 병충해 피해상황 공동점검 등의 교류협력을 지속하였다. 북한은 동창리 엔진시험장과 미사일 발사대를 폐기하는 등 비핵화를 위한 구체적인 조치들을 진행했다.

그러나 2019년 2월 열린 2차 북미 하노이 정상회담에서 북한과 미국은 더 이상의 진전된 합의 없이 양쪽 다 빈손으로 돌아갔다. 북미가 회담 실패에 대하여 상대방을 비난하면서 한반도 평화와 번영의 시대는 오지 않을 것 같았다. 2019년 6월 한미 정상회담 이후 판문점에서 남북미 세 정상이 짧은 만남을 하면서 북미는 한반도 비핵화의 모멘텀을 지속할 수 있었다.

그런데 스웨덴에서 개최된 북한과 미국의 북핵 실무회담이 결렬되면서 한반도 비핵화 및 평화와 번영의 시대의 도래는 다시금 위기를 맞고 있다. 여기에 북한 김정은 위원장이 10월 23일 금강산의 남측 시설을 철거하라고 지시한 이후, 북한은 금강산국제관광국 명의로 금강산지구에 국제관광 문화지구를 새로 건설할 것이라는 통보를 통일부와 (주)현대아산에 하면서 남북협력도 위기에 봉착하고 있다.

한반도에 안정된 평화를 구축하기 위해서는 남한과 북한의 안정된 정치구조, 정책결정자 사이의 이해와 신뢰, 상호 행위에 대한 예측가능성과 의사소통이 이루어져야 한다. 즉 남한과 북한 사이에 서로를 인정하고 상호 불신을 극복하여 한반도 평화를 이룩하겠다는 공감, 정책결정자 상호간의 한반도 번영에 대한 공감이 존재하여야 한다. 남한과 북한은 2018년 판문점과 평양 정상회담, 2019년 판문점 정상회담을 통하여 한반도 평화와 번영에 대해 공감하고 한반도 평화를 보장하기 위한 평화조약에 준하는 합의를 이룩하였다고 할 수 있다. 이는 〈판문점 선언 이행을 위한 군사분야합의서〉를 채택하여 상호간 침입이나 공격을 금지하고 평화수역과 시범적 공동어로구역 설치에 합의한 것을 통하여도 알 수 있다. 남북한은 분쟁을 종식한 것은 아니지만 최소한 분쟁을 평화적으로 해결하겠다는 데에 대하여 공감했다.

한반도 평화 구현을 위한 노력

그럼에도 불구하고 2019년 하노이 북미정상회담 실패 이후 남북관계는, 판문점에서의 회동을 제외하고, 대화가 단절되는 등 악화일로를 걷고 있다. 더구나 북한은 하노이 회담 이후 단거리 탄도 미사일 시험을 계속하였고, 10월 2일 북극성 3형 SLBM을 발사하여 한반도 긴장을 고조시켰다. 북한은 남북 대화의 단절 이유를 한미연합훈련과 군비증강에 돌리고 있다. 트럼프 대통령이 한미연합훈련 중단을 약속하였음에도 훈련이 계속되고 있고, 우리가 F-35와 경항공모함 등 전략자산 도입을 강화해가고 있는 것에 대한 불만을 토로하고 있다. F-35와 같이 북한이 대응 능력을 확보할 수 없는 남한의 전략자산 증가는 북한에게는 커다란 위협이라는 것이다. 이러한 북한의 군사적 불만사항이 남아 있는 한 남북이 한반도 평화와 번영에 공감하였다 하더라도 이를 구체적으로 실현하는 데에는 한계가 있을 수 있다.

북한은 한반도 평화와 번영을 위한 첫 단계인 비핵화의 대가로 대북

경제제재 완화와 북한 체제의 보장을 더욱 강력하게 요구할 것이며, 그 연장선에서 한미연합훈련 중지와 전략자산의 도입 금지 등을 지속적으로 요구할 것이다. 이러한 사실은 북한 김정은 국무위원장이 2020년 1월 1일 조선노동당 중앙위원회 제7기 제5차 전원회의 결과를 공개하면서 "미국 대통령이 직접 중지를 공약한 크고 작은 합동군사연습들을 수십 차례나 벌려놓고 첨단 전쟁장비들을 남조선에 반입해 우리를 군사적으로 위협했다.", "십여 차례의 단독 제재 조치들을 취하는 것으로써 우리 제도를 압살하려는 야망에는 변함이 없다는 것을 다시금 세계 앞에 증명해 보였다"(NEWSIS, 2020.1.1)고 한 것을 통해서도 확인할 수 있다.

우리는 남북 긴장 완화와 한반도 평화를 위하여, (1) 전략자산의 도입시기 조정 또는 군비 감축을 통해 북한의 체제보장에 대한 군사적 우려를 완화시키는 조치를 단계적으로 실행할 필요가 있다. 이를 통해, (2) 북한과 한반도 평화와 번영에 대한 공감을 현실화하여야 한다. 이후 (3) 종전선언과 평화협정 체결 등의 제도적 장치를 통해 한반도 평화를 달성하여야 한다. 이러한 토대 위에서 장기적으로 (4) 자주국방의 로드맵을 신중하게 조정하고 필요한 전략자산의 도입 등을 위한 군비 증강을 단계적으로 실시하여야 한다.

그렇지 않으면 북한은 위 전원회의 결과 보고에서 '충격적 실제행동에 나설 것'과 '곧 새로운 전략무기를 목격하게 될 것'(NEWSIS, 2020.1.1.)이라고 엄포한 사항을 실행에 옮길 수 있다. 북한은 이 보고에서 경제건설 총력집중 노선을 유지하고 비핵화 협상은 장기적으로 풀어나가야 할 부분이라고 밝혀 미국과의 협상 여지는 남겨두었다 (오마이뉴스 2010.1.1.). 그렇지만 우리가 한반도 평화를 위하여 보다 적극적인 행동을 취하지 않는다면 북한은 전략무기 개발을 지속하며 경제-핵 병진 노선으로 회귀함으로써 한반도 긴장 상황을 다시 조성할 수도 있을 것이다.

북한에 대한 실질적 이해에 기초한 현실적 대북정책

한반도에 평화와 번영의 시대를 열기 위해서는 우선적으로 북한의 비핵화와 유엔·미국의 대북 경제제재 해제, 북한의 개혁개방과 남북경제협력의 활성화가 이루어져야 한다. 이를 위해서는 북한 정권에 대한 이해가 무엇보다도 선행되어야 한다. 북한은 김정은 체제 유지가 핵무기개발이나 개혁개방을 통한 경제발전보다도 가장 우선시되는 국가이다. 극단적으로 말하면 핵무기를 포기하더라도 김정은은 포기하지 못한다는 것이다. 따라서 북한이 비핵화와 경제교류 및 개혁개방으로 국제사회의 일원으로 편입될 때까지 북한의 입장을 고려한 현실적인 대북 정책이 필요하다.

전문가들에 따르면, 대북제재 이전이나 제재가 느슨하였던 시절 장마당이 발전하고 시장경제의 싹이 자라나는 듯하면서 주민들은 북한 정권이 추진하는 일에 관심을 두지 않았다. 그렇지만 경제제재가 강화되자 북한 주민들은 정권 비난 대신 오히려 반미 감정악화를 드러냈다.

비핵화와 남북협력, 개혁개방 이후까지 북한과 지속적으로 협력할 것임을 보여줄 때, 북한도 비로소 남한 및 미국은 물론 국제사회에 대해 비핵화와 개혁개방의 의지를 확실한 행동으로 보여줄 것이라는 전문가들의 견해를 귀담아 들어 둘 필요가 있다.

북한인권 문제에 대한 전략적 모호성

북한은 국제사회의 북한인권 상황에 대한 지적에 관하여 매우 신경질적인 반응을 보인다. 즉 2019년 12월 18일 유엔 총회에서 북한인권결의안을 채택하고 미국무부 차관보가 12월 19일 '북한 인권 상황 개선을 위한 관여가 필요하다'고 언급하자 북한 외무성 대변인은 '유엔 총회에서 반공화국 인권결의를 강압 채택시킨 것도 모자라, 조미관계가 최대로 예민한 국면으로 치닫을 때 이런 악담질을 한 것은 붙는 불에 기름을 붓는 격으로 가뜩이나 긴장한 조선반도정세를 더욱 격화시키는 결과만 초래할 것'이라고 격하게 반발하였다.

우리는 북한 주민의 인권 보호 및 증진에 기여하기 위하여 2016년 3월 3일 〈북한인권법〉을 제정하여 같은 해 9월 4일부터 시행하고 있다. 그렇지만 2019년 유엔총회 북한인권결의안에는 불참하였다. 이와 같은 우리 정부의 행동은 남북 화해협력을 위한 부득이한 선택이다.

남북관계와 북미관계가 교착상태에 빠진 지금 북한 인권문제를 제기하여 대화의 모멘텀을 상실하는 위기를 자초할 필요는 없기 때문이다. 북한 인권문제를 우리가 적극적으로 제기하는 것은 대화 상대를 부정하는, 북한과의 대화에 있어 신뢰를 깨는 걸림돌로 작용할 수도 있을 것이다. 자칫 북한체제 자체를 부정하는 것처럼 보여 대화 자체를 거부할 것이기 때문이다.

북한이 비핵화와 개혁개방 남북경협을 통해 경제적으로 발전할 경우 민주적으로도 성장할 것이며, 북한 인권상황도 현저히 개선될 수 있을 것이다. 북한의 개혁개방으로 한반도 평화와 번영의 시대를 실현하는 것이 북한 인권문제를 실질적으로 개선하는 지름길이 될 것으로 보인다. 이런 면에서 전략적 모호성을 우리 정부가 취할 수 있는 대안이 될 수도 있을 것이다. 다만 북한인권 상황이 악화되는 것에 대하여는 감시의 끈을 놓치지 말아야 할 것이다.

북한 개혁개방을 위한 실질적 준비

이러한 연장선에서 남북관계의 기본 방향은 '남한에 의한 통일'보다는 '남북교류협력'과 '상호 경제발전'에 초점을 두어야 한다. 이는 북한 김정은 정권은 물론 우리 사회에도 유익하다. 급격한 통일은 우리 사회에도 큰 부담을 주기 때문이다. 서독에 의해 흡수통일이 진행되었던 독일의 경우 급격한 통일로 인한 혼란과 부담으로 심각한 위기에 봉착한 바 있다. 동독 주민들은 실업과 사회혼란으로, 서독 주민들은 재정 지출 확대에 따른 세금 부담으로 모두에게 힘겨운 통일이 되었기 때문이다.

자본주의 경제체제인 남한과 사회주의 국가인 북한이 경제협력을 하려면 우선적으로 준비해야 할 과제들이 있다. 북한은 축적된 자본이 거의 없기 때문에 외자 유치를 통한 경제개발을 추진할 수밖에 없다. 북한이 한국을 비롯한 외국인투자를 통해 개혁개방과 남북협력에 성공하기 위해서는 해외자본에 대한 투자 위험이 없도록 환경정비가 전제되어야 한다. 사회주의 국가인 북한의 경우 생산수단과 자산이 국가 소유이다. 경제개발을 위해서는 국유자산에 대한 사유화를 통해 시장경제질서에 적응할 수 있는 민간 기업을 육성하고 외국인투자가 활성화될 수 있는 토대를 구축하여야 한다. 따라서 북한의 국유기업소, 공장 등을 주식회사나 유한회사 형태로 전환시켜야 한다.

북한의 국유 기업소, 공장 등을 회사 형태로 전환하기 위해서는 이들 단체가 소유한 자산 가치에 대한 명확한 평가가 선행되어야 한다. 그런데 북한의 국유 기업소, 공장 등은 사회주의 체제하에서 운영되었기 때문에 시장가치 평가를 수행하지 않았다. 이들에 대한 평가를 위해서는 북한에 적용될 평가체계를 별도로 마련하거나, 우리 정부 혹은 국제적 평가기준과 연동하는 작업이 필요하다.

예를 들어 북한의 대표적인 자산인 광산이나 광업 관련 시설도 시장가치 평가가 선행되어야 이에 따라 주식회사나 유한회사로 전환하고 투자나 매각을 통해 지속적 운영과 부가가치를 생산할 수 있을 것이다. 그런데 이런 평가는 광물자원의 매장량과 채산성 등에 대한 경제성 평가에 따라 크게 좌우된다. 현재 북한이 채택하고 있는 광물자원 평가기준은 자원과 경제성 있는 매장량도 구별하지 않는 소비에트 방식에 기초하고 있다. 국제기준에 따른 매장량 평가 방식을 적용하여 광산이나 광업 관련 시설에 대한 경제성 평가를 우선적으로 시행하여야 한다. 독일 통일과정에서 당시 서독 정부도 자원과 경제성 있는 매장량을 구별하지 않는 동독 매장량 데이터만 믿고 광물자원 개발에 나섰다가 낭패를 경험한 바 있다.

북한의 회계제도는 정부가 정하는 가격을 기준으로 정해지며, '감가상각'이라는 개념도 없다. 따라서 남북 경제협력과 외국인투자를 촉진하기 위해서는 북한 기업소나 공장 등에 대하여 국제기준에 부합하는 회계제도를 마련하고 적용하여야 한다. 이와 같은 회계기준을 기반으로 북한 기업소나 공장에 대한 자산평가를 시행하고 각종 회계장부를 작성·비치함으로써 기업에 대한 정확한 정보가 시장에서 공개될 수 있도록 하여야 한다.

독일의 경우 급격한 통일을 맞이하여 독일 정부가 〈신탁청〉과 같은 자산관리 전담기관을 통해 동독의 국유기업 사유화를 추진했다. 그런데 동독 국유기업, 기업소 또는 공장 등에 대해 가치평가나 회계제도 등을 정비하지 않고 경제적 통합을 조속히 달성하려다 보니 심각한 사회적 혼란을 야기하였다. 또한 동독 지역의 산업 기반을 해체시켜 발전을 저해한 것은 물론 동서독 지역의 경제적 불평등만 가중시켰다. 그러므로 북한에 대해 단시간의 정치적 통합이나 무리한 경제적 통합을 추진하는 것을 경계해야 할 것이다. 그보다는 장기적인 안목에서 남북 경제협력의 기초가 되는 자산 평가제도, 회계제도 등 북한이 개혁개방을 실행함에 있어 실질적으로 도움이 되는 제도와 법제를 정비할 수 있도록 지원하여야 한다.

이와 같이 북한이 상당기간 동안 정치적 안정성을 유지하면서 시장경제에 부합하는 제도적 정비를 이루어갈 때 남북의 진정한 협력과 교류가 진행될 것이다. 또한 정치적 위험성이 제거됨에 따라 외국인투자도 확대되어 북한이 순조롭게 세계 경제에 편입되는 가운데 한반도의 평화와 번영을 달성할 수 있을 것이다. 독일 통일의 사례에서 본 바와 같이 준비 없이 진행된 급격한 통일은 동서독 주민과 정부에 모두 커다란 정치적 경제적 부담을 가중시켰다. 북한이 개혁개방으로 경제적 발전을 추구할 때 우리는 남북협력으로 경제에 활력을 불어넣는 한편 통일비용 또한 절감하게 될 것이다. 이후 북한이 개혁개방으로 발전하게 되면 주민들의 의식이 성장하여 김정은 정권도 민주화 과정을 수용할 수밖에 없게 될 것이다.

경제협력을 통한 평화정착과 공동번영

북한은 2019년 신년사에서 "4.27 판문점선언과 9.19 평양공동선언, 남북 군사분야 합의서를 사실상의 불가침 선언으로 평가하고 남북 군사대결을 종식시키고 한반도를 항구적이며 공공한 평화지대로 만들자"고 주장하였다. 이에 우리 정부가 한미군사훈련을 축소하면서 한반도 평화 분위기를 고조시켰다. 여기에 북한은 2018년 추진하였던 종전선언 대신에 정전체제의 평화체제 전환을 위한 다자협상을 제안하였다. 아울러 북한은 전제조건이나 대가 없이 2019년 말까지 개성공단과 금강산관광을 재개할 용의가 있다고 표명했다. 이는 대북 제재 하에서 남한이 단독으로 추진할 수 없는 사안이므로 북한은 남한이 제재 해소에 보다 적극적으로 나설 것을 압박한 것이다. 특히 이러한 연장선에서 북한 김정은 위원장이 2018년 10월 23일 금강산의 남측 시설을 철거하라고 지시했다.

따라서 우리 정부는 북한이 제시한 여러 사항 가운데 하나라도 이행하기 위해 노력하는 모습을 보여주어야 한다. 예를 들어, 이산가족에 한하여 금강산 관광을 허용하도록 미국과 유엔에 요구함으로써 대북 제재도 지키면서 북한의 요구도 수용하는 방안을 모색하여야 할 것이다. 이와 같은 신뢰의 기반 위에서 정전체제를 평화체제로 전환하기 위한 종전선언, 평화협정 체결 및 북미관계 정상화를 추진하여야 한다. 평화협정과 북미수교는 한반도 냉전구도를 청산하고 한반도와 동북아의 항구적 평화 질서를 수립하는 단초를 제공할 것이다.

이를 기초로 경제, 사회, 문화의 각 영역에서 정보를 공유하고 교류를 활성화하며 다각적 협력을 강화함으로써 한반도 평화와 번영을 위한 프로세스가 불가역적으로 이행될 수 있도록 하여야 한다. 이 평화와 번영의 프로세스가 한국과 미국의 정치상황 변화에도 불구하고 지속될 수 있도록 하는 입법적 장치를 마련하여야 한다.

대북제재 하의 남북교류 확대

유엔과 미국의 대북제재가 시행되고 있는 상황에서 남북교류 확대를 통해 한반도 평화와 번영 프로세스에 대한 북한의 신뢰성을 확보하기 위해서는 비정부 주체를 통해 제재로부터 자유로운 영역에 대한 협력을 확대하여야 한다. 왜냐하면 2016년 이후 유엔이 대북 제재를 강화하면서 북한의 수출품 가운데 대부분을 한국으로 반입할 수 없고 우리 제품을 북한으로 반출하는 것도 금지되었기 때문이다.

북한산 반입품 가운데 가장 비중이 컸던 섬유류, 수산물은 각각 유엔안전보장이사회 규정 UNSCR 2371호, UNSCR 2375호, 농산물은 UNSCR 2397호 제재 대상이며, 광물, 철강·금속, 기계·전기전자 제품은 각각 UNSCR 2370호, 2321호, 2371호, 2397호 대상이 되고 있다. 서해 남북한 공동어로 역시 UNSCR 2397호 가운데 어획권 구입금지 조치 위반 소지가 있다. 남한의 대북 반출품 가운데 철강·금속 및 기계·전자기기 제품은 UNSCR 2397호에 따라 대북 반출이 금지된다. 농림수산물, 화학공업 제품, 섬유류는 반출 제재 대상은 아니지만 대북 수출제재(북한산 수입금지)로 인해 반출이 허용되지 않는다. 즉 농림수산물은 지원 식량이나 개성공단 식자재가 대부분이며, 화학공업 제품, 섬유류는 기계, 전자전기제품, 철강, 금속제품과 함께 개성공단, 평양 위탁가공용 원자재·설비가 대부분을 차지한다. 유엔 제재에 따라 개성공단 및 위탁가공 제품은 한국으로 반입될 수 없으므로 관련 원자재·설비·식량을 북으로 반출하는 행위도 허용되지 않는다. 그러므로 앞으로 인도적 지원, 사회·문화·스포츠 교류, 개별 관광 등 유엔과 미국의 대북 제재 하에서 추진 가능한 사업을 발굴하고 관련 비영리단체를 지원하여야 한다. 아울러 북한 주민은 물론 우리 국민들에게도 정책 효과를 체감할 수 있는 초(超)국경질병 공동방역, 남북공동수계 활용, 한강하구 민간이용 및 수상관광 등 구체적인 부문에서의 사업을 추진할 필요가 있다.

한편 남북 간에 이미 추진하고 있는 협력사업을 지속적으로 확대 발전시켜 나가는 것도 중요하다. 남북 간에는 환경 분야와 보건 분야 협력이 부분적으로 이루어진 바 있다. 환경 분야에서는 산림녹화 사업을 중심으로 대화와 접촉이 이루어졌다. 2018년 7월 1차 산림협력 회담이 개최되었고, 2018년 8월 남측인원들이 금강산지역 북한 병해충 피해상황을 현지 답사하였다. 2018년 9월 평양공동선언에서는 '자연생태계의 보호 및 복원을 위한 남북 환경협력을 적극 추진하며, 우선적으로 진행 중인 산림분야 협력의 실천적 성과를 위해 노력'하기로 합의하였다. 이어서 2018년 10월 2차 산림협력회담을 개최하여 '소나무재선충 공동방제, 북한 양묘장 현대화 방안, 생태계 보호 복원을 위한 협력 방안'을 논의하였다.

감염병 예방을 위한 협력도 지속할 필요가 있다. 2018년 9월 평양공동선언에서는 '전염성 질병의 유입 및 확산방지를 위한 긴급조치를 비롯한 방역 및 보건 의료분야 협력을 강화'하기로 합의하였다. 이어 2018년 11월 보건의료협력 회담을 개최하여 '전염병 정보교환 시범실시, 정보교환 대응체계 구축과 기술협력 등 필요한 대책 수립, 결핵과 말라리아 등 전염병 진단과 예방치료를 위해 상호 협력, 향후 포괄적이며 중장기적인 방역 및 보건의료 협력 사업을 다양한 방법으로 적극 추진'하기로 합의하였다.

향후 북한에서 발생하고 있는 결핵·말라리아 등 감염병 예방과 치료를 위한 공동협력, 정보교류 및 전문가 양성 교육, 중장기적으로 의료기기 현대화 및 병원 현대화 등을 추진할 필요가 있다. 아울러 산림 병해충 공동방제 등 식물방제 체제 구축, 축산분야(아프리카 돼지열병·구제역·조류독감) 방역체제 구축, 공동방역 및 방제 등에 대한 협력을 추진하여야 할 미세먼지 공동대응, DMZ 화재발생시 공동대응 등의 협력 사업을 고려해 볼 수 있을 것이다.

남북협력을 위한 제도와 절차의 정비

대북 제재가 지속되고 있는 지금의 시점에서는 향후 남북협력이 재개되는 경우 필요할 제도적·절차적 준비사항을 찾아 정비하여야 한다. 기존 남북협력 과정에서 노출된 제도적·절차적 미비점을 보완하는 한편 경제협력강화약정(Comprehensive Economic Partnership Arrangement: CEPA) 또는 남북한 FTA를 체결하는 등 협력의 제도적 기반을 구축하여야 한다. 즉 남북이 경제적 협력을 가속화할 경우에 대비하여 남북한 무관세 거래에 대한 국제적 승인, 대북 개발 관련 한국의 우대·특혜 보장 등에 역량을 집중할 필요가 있다. 또한 북한의 정상적 경제협력 역량 제고를 위해 지식공유사업(Knowledge Sharing Program, :KSP)을 적극적으로 추진할 필요가 있다. 이와 함께 각 분야에서의 전문용어의 통일, 데이터베이스의 구축, 축적된 자료와 정보의 공유 등 기본적 지식 인프라 구축과 공유 관련 사업 또한 진행되어야 한다.

대북 제재 특히 유엔 제재가 2016년 이전으로 완화된다면, 남북경협은 전면적으로 재개될 수 있을 것이다. 이에 따라 일반교역, 위탁가공교역, 개성공단과 금강산 관광은 물론 북한에 대한 경제 투자도 가능할 것이다. 다만 기존 남북경협 방식으로의 회귀는 지양하고 국제기준에 부합하고 남북한 시장협력이 가능한 방식으로 업그레이드 하여야 한다. 이를 위해서는 앞에서 언급한 바와 같이 자산평가 기준이나 회계제도의 선진화가 이루어져야 한다. 남북경협 재개 이전에 앞에서 언급한 CEPA 혹은 FTA 체결이나 KSP 사업을 실시하여야 하는 이유도 여기에 있다. 나아가 상징성이 큰 개성공단 및 금강산 관광을 우선 재개하고, 위험 부담이 적고 남북한이 상생할 수 있는 위탁가공교역 및 수산협력을 집중적으로 확대할 필요가 있다.

비핵화의 진전으로 미국이 북한을 테러지원국 및 대량살상무기(WMD) 확산국에서 해제하여 대북 물자 반출통제가 완화되면 북한개발을 위한 본격적인 경제협력을 진전시킬 수 있을 것이다. 즉 대북인프라 사업 및 북한의 자원과 노동력 활용을 위한 공단 조성, 남북중 및 남북러를 연계하는 물류와 에너지 인프라 건설을 실행할 수 있을 것이다.

공감에 기초한 유연한 통일 논의

70여년을 따로 살아온, 경제적 수준이 현격하게 다른 두 형제가 갑자기 함께 살게 되면 갈등은 불 보듯 뻔하다. 경제적으로 풍족한 형제는 가난한 형제의 자존심은 지켜주고 부족한 부분을 드러나지 않게 도와주면서 같이 잘 살도록 해 주어야 한다. 가난한 형제는 풍족한 형제를 비난하거나 무조건 경제적으로 지원만 받으려고 하는 대신 도움을 받아들이면서 열심히 노력하는 모습을 보여야 한다. 그렇지 않으면 두 형제는 결국 다투게 되어 있다.

이와 같이 남북이 서로의 사정에 대해 공감하지 않으면, 서로가 진정한 의미로 동화되는 화학적 통합은 이룩될 수 없다. 우선 서로를 있는 그대로 인정하여야 대화를 시작할 수 있다. 우리 방식대로 민주주의적 가치를 주입하는 대신 북한을 이해하는 노력을 먼저 해야 한다. 이와 같은 상대 인정과 공감과 신뢰의 바탕 위에서 자유로운 방문과 교류가 이루어지도록 하여야 한다.

한국을 방문한 대만의 학자들이 우리가 북한에 자유롭게 출입하지 못한다는 것을 알고 놀랐다고 한다. 중국과 대만은 양안 관계가 험악하여도 상호 방문과 교류를 항상 허용하고 있기 때문이다. 방문과 교류를 통한 공감과 신뢰가 국민들 사이에 형성되면 경제협력 또한 가속도가 붙을 것이다. 지금은 대북제재로 경제협력을 강력하게 추진할 수는 없기 때문에 경제협력을 위한 기반조성 작업을 해야 한다. 즉 법률, 회계, ICT기술표준, 금융시스템 등 북한의 개혁개방에 필요한 제도와 시스템을 정비하여야 한다.

경제협력이 가속화되면 정치적, 사회적 통합의 목소리가 나올 것이다. 그러나 이는 시간이 매우 오래 걸리는 일이다. 지금 당장 '1국가 2체제', '연방제', '국가연합' 등 향후 통일 한국의 정치체제를 논하는 것은 시기상조로 보인다. 경제협력을 활성화하여 경제적 공동체로 나아가는 것이 지금 단계에서는 보다 중요하다고 생각된다. 이후 남북 경제공동체가 확고하게 자리 잡을 경우 유럽 국가들이 경제공동체에서 유럽연합으로 나아간 것을 참고하여 한국과 북한도 한반도 연합으로 나아갈 수 있을 것이다.

2

외교안보

냉전과 기술 패권경쟁이 교차하는 한반도

21세기 4차 산업혁명 시대에 진입하였음에도 불구하고 한반도를 둘러싼 안보지형은 한미일 대 북중러의 냉전 이대올로기가 여전히 지배하고 있다. 한국은 굳건한 한미동맹의 기반위에서 일본과 협력하면서 북한의 도발을 억제하고 중국의 영향력 확대와 러시아의 남하를 견제하고 있다. 북한은 유엔과 미국의 경제제재에도 불구하고 중국의 지원하에 체제를 유지하면서 전통적 군사력의 열세를 핵개발을 통해 만회하고, 핵무기를 바탕으로 미국과 협상하면서 경제개혁을 추진하고자하고 있다.

그러나 미중 패권경쟁의 구조 속에서 한반도를 둘러싼 이와 같은 냉전 체제는 작은 변화의 조짐을 보이고 있다. 4차 산업혁명은 5G, 인공지능, 빅데이터와 사물인터넷 등의 기술에 기초하여 모바일화 된 정보통신기기로 기존 제도와 권력을 분산화시키고 있다. 4차 산업혁명은 컴퓨터가 아닌 스마트 폰을 기반으로 디지털 세계 안에 존재하던 것들을 현실 세계로 가져오고 있다. 즉 개성의 자유로운 발현이 사이버공간에서만 그치지 않고 기술발전으로 인하여 현실에서도 구현된 것이다.

시민들은 사이버공간에서 개성을 자유롭게 발현하여 구축한 힘이 현실 세계에서도 구현되기를 원하고 있다. 다시 말해, 시민들은 사이버공간에서 자신이 구축한 자유로운 권력체계를 현실 세계에서 구현하는 한편 이와 충돌하는 현실 권력체계에 대해 '개인화'와 '분산화'를 요구하고 있는 것이다. 4차 산업혁명은 3D 프린팅을 통해 생산수단을 개인화하였고, 태양열 판넬로 에너지 생산의 개인화를 이룩하였으며, SNS를 통해 언론의 개인화를 구현하였음은 물론 비트코인을 앞세운 지급결제 수단의 개인화까지 구현하고 있다.

시민들은 현실에 존재하는 모든 제도와 권력에 대해 끊임없는 의문을 제기하며, 기존 제도와 권력에 대하여도 개인화와 분산화를 요구하고 있다. 결국 분산 권력은 한반도를 둘러싼 국제질서에 있어서도 기존의 동맹과 연합 또는 국제공통의 이해관계에 필요한 국제기구에의 참여보다는, 자국의 이익을 극대화하기 위한 전략적 선택을 유인하고 있다.

미·중 기술 패권경쟁과 자국이익 중심주의

4차 산업혁명은 기존 기술경쟁의 패러다임을 완전히 바꾸는 새로운 기술 혁신이다. 4차 산업혁명 기술은 속도와 범위에 있어 국가 단위나 물리적 범위를 뛰어넘고 있다. 4차 산업혁명은 인공지능, 빅데이터, 5G 등의 기술에 기초하여 모바일화 된 정보통신기기로 기존 제도와 권력을 분산화했다. 분산된 권력 아래에서 생산과 소비 및 제도와 권력의 주체인 시민들이 국적, 성별, 나이를 불문하고 누구나 물리적 시간적 제약 없이 필요한 서비스를 이용할 수 있게 되었다. 따라서 이러한 기술 플랫폼을 구축한 기업이나 국가가 그렇지 못한 기업이나 국가보다 절대적으로 유리한 질서가 형성되었다. 플랫폼 경쟁은 승자와 패자를 순식간에 결정할 수 있다. 기존 패권 국가나 선도기업도 사소한 차이로 경쟁력을 즉시 상실할 수 있다.

역사적으로 볼 때, 패권국가는 막강한 군사력을 기반으로 국제질서를 장악해왔다. 따라서 주요 국가들은 군사력 증강에 노력해 왔다. 그러나 원자폭탄의 투하로 종결된 2차 세계대전은 군사력에 바탕을 둔 패권전쟁이 인류의 공멸을 가지고 올 수 있다는 공통의 인식을 확산시켰다.[9] 이에 패권경쟁은 군사적 영토 확장 대신 경제적 우위의 확보로 변화되었다. 기술의 발전은 경제성장과 사회변동의 핵심 동인이므로 기술 주도권을 확보한 국가는 새로운 국제질서를 형성할 수 있는 힘을

---

9) 최윤식(2019). 〈앞으로 5년 미중전쟁 시나리오〉, 지식노마드, p 73.

보유한다. 아울러 기술의 발전은 다양한 방식으로 새로운 이슈, 위험과 불확실성을 생성하며 전쟁, 외교, 무역 및 투자에 영향을 준다. 따라서 5G와 인공지능 등 새로운 기술력으로 무장한 신흥 강국 중국이 미국을 중심으로 형성된 현재의 국제질서에 도전함에 따라 미·중 사이의 기술 패권경쟁이 진행되고 있는 것이다. 미국의 트럼프 정부가 중국에 대한 무역전쟁을 지속하는 것은 무역적자 축소가 주목적이 아니다. 중국에 대한 경제적 우위를 확보하고자 하는 것이다.

기술의 발전은 다양한 방식으로 새로운 이슈, 위험과 불확실성을 생성하며 전쟁, 외교, 무역 및 투자에 영향을 준다. 20세기 전반 미국과 영국은 전기공학, 내구 소비재, 자동차 산업 등에서 기술패권 경쟁을 벌였고, 20세기 후반에는 미국과 일본이 가전산업과 컴퓨터 하드웨어 및 소프트웨어 산업에서 기술패권 경쟁을 벌인바 있다.[10]

미·중의 기술패권경쟁은 미국 정치학자 그레이엄 앨리슨(Graham T. Allison)이 그의 저서 〈불가피한 전쟁에서 언급한 '투키디데스 함정'(Thucydides's Trap)을 연상시킨다. 투키디데스 함정은 부상하는 신흥국이 기존 패권국의 질서에 변화를 가하고 위협할 때, 서로 원치 않는 전쟁으로 치달을 수 있는 상황을 말한다.

4차 산업혁명시대 미국과 중국의 기술패권경쟁은 각국으로 하여금 자신의 경제적 이익을 극대화하기 위해서 전략적으로 행동할 것을 묵

---

10) 김상배(2018). "미중 플랫폼 경쟁으로 본 기술패권의 미래", 〈Future Horizon〉, p 6.

시적으로 암시하고 있다. 기존 동맹과의 연합, 또는 국제공통의 이해관계에 필요한 국제기구에의 참여를 재검토하도록 하고 있는 것이다. 이러한 현상은 영국의 유럽연합 탈퇴, 즉 브렉시트 결정, 프랑스의 유럽군 창설 제의, 미국의 파리기후협약 탈퇴 등에서도 드러난다. 일본의 아베 총리가 이란을 방문하거나 시진핑과의 관계 개선을 모색하는 것도 이러한 이유로 볼 수 있다. 특히 한국에 대한 일본의 수출규제는 4차 산업혁명시대 기술경쟁의 단면을 극명하게 보여주고 있다. 기존 미국의 우산 아래 우호적이었던 한국에 대해 일본이 기술경쟁을 선포했기 때문이다.

4차 산업혁명에 따른 기술 경쟁은 미·중 사이의 무역전쟁과 환율전쟁, 한·일 양국의 경제보복과 불매운동으로 확산되면서 자국 중심주의의 세계질서를 형성하고 불확실성을 가중시키고 있다.

동북아 네트워크 국가론

한반도는 한미일과 북중러가 냉전적으로 대립하면서도 기술발전과 경제적 이익에 따른 전략적 선택이 중첩되고 있다. 한국과 중국의 경제적 이해관계와 의존도는 날로 심화되고 있고, 북한은 생존을 위해 미국과의 관계 개선을 모색하고 있다. 일본은 한국과의 기술경쟁에서 유리한 고지를 점하기 위해 한국에 대한 수출규제 카드를 꺼내는 대신, 중국과의 협력이나 러시아와의 관계 개선을 모색하고 있다. 아베 총리는 2019년 9월 27일 오사카에서 시진핑 중국 주석과 정상회담을 갖고 양국 관계가 정상화되었음을 선포하였다. 또한 2019년 9월 4일부터 6일까지 블라디보스토크에서 열린 〈2019 동방경제포럼〉에 참석하여 러시아 푸틴 대통령과 공동 경제활동 등을 논의한바 있다.

그럼에도 불구하고 중국이나 러시아 전투기들이 우리나라 비행금지구역을 넘나들고 있으며, 북한은 여전히 방사포와 단거리 미사일을 발사하고 잠수함발사탄도미사일(SLBM) 실험까지도 감행하는 등 냉전은 여전히 한반도에서 진행중이다. 이와 같이 냉전과 기술발전에 따른 패권경쟁이 교차하면서 자국중심주의적 새로운 질서 형성이 이루어지고 있는 한반도에서 평화와 번영을 이룩하기 위해서는 새로운 외교안보전략이 필요하다.

문재인 정부는 한국 외교의 정체성으로 노무현 정부의 '동북아균형자론'을 발전시킨 '교량국가론'을 제시하였다. '대륙과 해양을 아우르며 평화와 번영을 선도하는 교량국가'를 제안한 것이다. 이 같은 교량국가로 나아가기 위해서 남북 간 철도와 도로 연결을 우선 추진하고 신북방 및 신남방 정책을 추진한다는 것이다. 즉 중국, 러시아뿐 아니라 중앙아시아와 유럽으로 협력기반을 넓히고 동북아 철도공동체로 다자협력과 다자안보의 초석을 놓는 한편, 아세안 및 인도와의 관계를 공동번영의 협력 관계로 발전시키고자 하고 있다.

'교량국가론'은 냉전과 기술 패권경쟁이 교차하는 한반도 상황에서 매우 의미 있는 외교정책 방향이라고 생각된다. 그렇지만 '교량국가론'은 당장 한계에 부딪혀 있다. 가장 우선 시행되어야 할 남북 철도와 도로 연결이 북한 비핵화와 경제제재 문제로 구체적 실현가능성에 의문이 제기되고 있기 때문이다. 4차 산업혁명 시대에는 교량으로 연결되지 않더라도 네트워크로 언제나 어디서나 연결되고 공감할 수 있다.

나는 '동북아 네트워크 국가론'을 제안하고자 한다. 우리의 발전된 ICT기술을 기반으로 러시아, 중앙아시아, 유럽은 물론 아세안과 인도 등에 이르는 5G를 포함한 네트워크 구축사업을 지원하고자 한다. 만일 대북제재가 해제된다면 철도와 교량은 물론 5G를 포함한 네트워크가 북한에 구축될 수 있도록 할 것이다. 특히 미국의 지원을 받아 우리의 ICT 기술이 국제 표준이 될 수 있도록 함으로써 미국과 중국의 기술 패권 경쟁에서 실질적인 균형자가 될 수 있도록 할 것이다. 또한 에스토니아에서 시행되고 있는 '전자시민권' 제도를 도입하여 전자시민권을 부여받은 여러 국가의 사람들이 우리의 네트워크와 사이버공간 안에서 우리 국민과 동등하게 전자상거래와 전자통신 사업을 수행할 수 있도록 할 것이다.

네트워크 국가는 사람과 사람, 민족과 민족, 국가와 국가 사이의 평등하고 대등한 관계를 지향한다. 비록 힘에 의한 국제질서는 냉혹한 현실이지만 네트워크 국가를 통해 이러한 '힘의 질서'가 '대등한 관계의 질서'로 발전하기를 지향하는 것이다.

기술경쟁력 강화를 위한 공급망 우위 선점의 네트워크 국가

우리는 최근 일본의 수출규제가 우리 경제에 대한 심각한 안보위협이 되고 있음을 실감하고 있다. 4차 산업혁명 기술경쟁시대에 있어 우리의 기술경쟁력을 확보하여, 안전하고 평화로운 번영된 사회를 이룩하기 위해서는 기술은 물론 이를 뒷받침하는 자원에 대한 안정적 확보 방안을 구축하여야 한다. 이를 위해서는 기술공급망이나 자원, 소재, 공정 및 재생에 관한 순환구조에서 핵심행위자로서의 지위를 확보하여야 한다.

현재 우리가 일본과의 기술경쟁을 다소 유리하게 지속하는 것은 우리가 전 세계 메모리반도체 시장의 58%(2018년 기준)를 차지하고 있기 때문이다. 우리나라가 반도체 시장의 공급망에서 주요 생산자 위치를 점유하고 있어서, 소재와 부품을 공급하는 일본 기업들도 우리의 눈치를 볼 수밖에 없는 구조이다. 미·중의 기술패권경쟁이 일방적으로 진행되지 않는 것도 양국이 상호 공급망에서 주요 행위자로 행동하기 때문이다.

미국은 최첨단 반도체 기술과 소프트웨어에 대한 통제력으로 기술패권경쟁에서 우위를 점하고 있다. 미국이 중국 IT기업 화웨이에 대해 제재와 통제를 강화하면 화웨이는 심각한 피해를 입는다. 관련 중국 회사들도 곤경에 빠질 수 있다. 그러나 인텔, 퀄컴 등 미국 반도체 제조사들이나 마이크로소프트, 오라클 등 소프트웨어 기업들도 미국 정부의 화웨이 제품 판매 금지로 곤경에 처할 수 있다. 이들 또한 화웨이와 거래하고 있기 때문이다.

이와 같이 기술패권경쟁에 따라 세계시장의 불확실성이 가중되고 있기 때문에 우리의 관련 기업들은 공급망에 대한 재평가를 실시하여야 한다. 다행히 우리는 삼성과 SK 등이 반도체 부문에 있어 세계 공급망의 주요 길목을 차지하고 있으므로, 공급망 길목지키기를 통해 기술패권경쟁 시대에 우리의 이익을 극대화하여야 한다.

천연자원의 매장량이 거의 없는 우리의 경우, 4차 산업혁명기술에 필요한 희소자원 확보에도 관심을 기울여야 한다. 이를 위해서는 자원과 제품의 제조·처리·재생에 관한 순환구조에서 의미있는 위치를 확보하여야 한다.

예를 들어, 유연탄은 인도네시아, 호주, 러시아에서 언제든지 수입이 가능하다. 철의 경우 포스코 등 우리의 위치가 시장에서 확고하므로 안정적 확보에 커다란 문제가 없어 보인다. 4차 산업혁명기술에 필요한 희소자원을 확보하기 위해서는 해당 희소자원의 개발, 소재나 부품, 공정업체나 재생 기업 등에 대한 인수합병 등을 통해 해당 순환구조안에서의 우리의 위치를 강화하는 전략을 개발하고 이행할 필요가 있다.

네트워크 국가의 안전성 확보를 위한 사이버안보 강화

앞에서 제안한 '네트워크 국가'의 실행을 위해서는 사이버안보가 담보되어야 한다. 네트워크 국가는 사물인터넷과 5G 등으로 모든 기기와 사물이 초연결, 초저지연으로 확장되어 있다. 사이버공격으로 기반시설의 마비, 개인정보 유출 등의 사태가 발생한다면 국가의 기능이 마비되고 국제사회의 신뢰를 담보하지 못하여 개인은 물론 국가의 안전을 보장할 수 없다.

미국과 중국 등 주요국은 사이버공간에서의 우위확보 기술경쟁력을 뒷받침하기 위해 사이버안보 경쟁력 강화에 국가적 역량을 다하고 있다. 미국은 중국의 4차 산업혁명기술 발전이 사이버공격을 통한 미국의 선진기술 탈취에서 시작됐다고 판단하고 사이버보안 강화를 천명하였다. 미국은 〈국가사이버안보전략〉을 통해 사이버공간에서의 연방 네트워크와 정보에 대한 보안을 강조하고 주요기반시설에 대한 보호는 물론 사이버 범죄 대응 및 침해사고 대응에 대한 보고를 개선하도록 하였다. 아울러 사이버공간을 통한 지적재산권 침해에 대해 적극적으로 대응할 것을 선언하였으며, 사이버보안 인력들의 경쟁력 우위를 확보할 것이라고 하였다. 또한 사이버 공간에서의 국가 책임을 인정하는 규범을 통해 사이버 공간의 안전성을 확보하고 사이버공간에서의 비상식적 행위를 억지하고 해당 행위에 대한 책임 귀속을 강화할 것이라고 발표하였다. 특히 미국의 국익을 위협하는 악의적 사이버 행위를 식별하고 책임을 귀속시키기 위하여 정보기관으로 하여금 모든 종류의 사이버 첩보 활동을 수행하도록 하였다. 또한 사이버공간을 통한 유해 정보는 물론 선전선동 및 가짜뉴스 등에 대하여 적극적으로 대응할 것임을 천명하였다.

일본은 중국의 경제적 부상에 따른 갈등에 대응하고 자국의 기술 유출과 기술 탈취를 방지하기 위하여 국가안전보장회의(NSC) 사무국에 경제반을 신설, 대외 투자와 정보통신, 사이버 분야에서의 국제협력과 국내 법제 정비 등 대응을 강화하고 있다(내일신문, 2019.10.29).

중국은 〈중국제조 2025〉를 통해 5G와 인공지능 분야에서 미국의 기술경쟁력에 도전하고 있다.[11] 5G 기술, 인공지능, 반도체, 로봇 등에서 기술 경쟁력을 확보하고 주도권을 발휘하겠다는 목표이다. 중국은 '사이버안보' 없이는 국가안보도 없고, 경제사회의 안정적 운영도 없으며 많은 인민이 이익을 얻는 것도 어렵다고 인식하고 있다. 이에 〈중화인민공화국 사이버보안법〉을 제정·시행하여 사이버안보에서의 우위를 바탕으로 기술경쟁에서도 경쟁력을 확보하고자 한다. 나아가 사이버보안 산업을 발전시켜 기술경쟁력을 강화하고자 '사이버보안 산업 발전 촉진에 관한 지도 의견(초안)'을 2019년 9월 발표하였다(보안뉴스, 2019.10.29). 5G, 공업인터넷, 차세대인터넷, 사물인터넷 등 새로운 기술이 초래할 새로운 도전에 적극 대응하며, 시장 주도와 정보 안내를 견지해가고, 핵심 기술의 진전, 산업 생태계 구축과 발전을 위한 최적 환경 조성에 힘쓰는 한편 중국 사이버보안 산업의 수준을 강화하고자 한 것이다. 이를 통해 국가 사이버공간의 안보를 수호하고 사이버 강국 건설을 보장하기 위한 산업 발전을 지원하고자 한다. 아울러 2025년까지 연간 영업수입 20억 위안(한화 약 3,300억 원)을 넘는 국제 경쟁력

---

11) 이민자(2019). "중국제조 2025와 미·중 기술패권 경쟁", 현대중국연구 제20집 4호, p.31.

을 갖춘 사이버보안 기업을 육성하려고 한다.

우리 정부도 2018년 12월 발표한 '국가사이버안보전략'에서 기밀절취, 금전취득 등의 사이버공격이 발생하고 있다고 분석하고, 각국은 인공지능, 빅데이터 기반의 첨단 사이버기술 개발과 아울러 사이버첩보 수집, 인터넷망 교란방지, 주요시설 보호 등을 위한 역량 확충에 대규모 예산을 투입하고 있다고 밝히고 있다.

사이버공간에서 기술경쟁 우위를 확보하기 위한 경쟁이 심화됨에 따라, 사이버공격이나 분쟁이 발생하는 경우 미국은 중국, 러시아, 이란 및 북한 등에 대하여 실제 물리적 공격이나 사이버작전을 수행할 것으로 보인다. 특히 북한 사이버공격의 심각성을 인식하고 이에 대해 경제제재를 확대하고 있다. 미국은 북한이 사이버공격을 감행하는 경우 '사이버 억지와 책임귀속 전략'으로 북한에 대한 적극적인 대응 조치를 취할 것이다.

우리 역시 북한의 사이버공격에 효과적으로 대응해야 한다. 사이버 공격을 필두로 한 북한의 저강도 도발이 확산되거나, 사이버 억지와 책임귀속 전략에 따라 북한 사이버공격에 대한 미국의 적극적인 대응이 물리적 분쟁으로 확산되지 않도록 적극 방지하여야 한다. 특히 남북 화해와 협력의 기조 하에서 북한으로 하여금 미국 등 동맹국들에 대하여 사이버공격을 수행하지 않도록 설득하고 촉구하여야 한다.

나아가 인공지능을 이용하여 국제 테러 동향, 분쟁 상황 등과 관련된 사이버 정보 수집에도 적극적인 관심을 가져야 할 것으로 보인다. 인공지능을 이용한 사이버공격은 금융 등 국가기반시설을 마비시켜 국가 안보 위협을 야기할 수 있다. 보다 적극적인 정보통신기반시설보호 정책의 수립과 함께 관련 법률 개선이 필요하다.

우리의 경우 청와대 국가안보실이 〈국가사이버안보전략〉을 수립하고 발표함으로써 사이버안보에 관한 컨트롤타워로서의 기능을 수행하고 있다. 사이버정보비서관이 국가안보실 내에서 사이버안보 업무를 총괄하고 있다. 그런데 사이버정보비서관은 원래 정보비서관과 사이버안보비서관의 업무를 통합하여 신설한 것이다. 사이버안보 업무만 전담하고 있지 않으므로, 사이버안보에 대한 실질적인 정책 조정 및 총괄업무 수행에 한계가 있을 것으로 보인다. 따라서 사이버안보비서관을 독립시켜 운영할 필요도 있을 것으로 보인다.

네트워크의 물리적 확산: 유라시아철도공동체

문재인 대통령의 동아시아 철도공동체 구상은 철도 네트워크를 기반으로 동아시아가 협력해 평화적 경제 성장을 도모하고 장기적으로 경제·안보공동체로 발전시키자는 취지에서 제안되었다. 동아시아 철도공동체는 남북철도를 중국횡단철도(TCR), 시베리아횡단철도(TSR), 만주횡단철도(TMR), 몽골횡단철도(TMGR) 등과 연결함으로써 그동안 단절되었던 동북아의 공간적 통합을 도모할 수 있다. 그동안 동북아시아는 역사와 영토갈등, 군비증강, 핵위협, 신뢰부족 등으로 말미암아 역내 긴장이 비교적 높았던 지역으로, 오늘날에도 개별국가 간 다양한 형태의 대립과 갈등이 심화하고 있다.

철도공동체는 남북한과 동북아의 인적·물적 교류의 활성화를 통해 궁극적으로 동북아의 평화정착에 기여할 것이다. 필자는 동아시아철도공동체 구상을 한걸음 더 발전시켜 유럽의 철도망까지 연결하는 '유라시아철도공동체'를 제안하고자 한다. 유라시아 철도공동체의 효과적 추진 동력을 확보하기 위해서는 우리나라의 도덕적 우위와 非패권주의라는 장점을 최대한 활용하고, 유럽연합의 지지와 협력을 기반으로 전략적이고 단계적으로 추진하는 방법을 모색하고자 한다.

이를 위해서는 첫째, 역내 국가 중 다자협력체제 구축에 적극적 입장을 취하고 있는 러시아, 몽골과의 합의를 바탕으로 기본 동력을 확보하고(러시아는 주변적·부차적 역내 행위자로서의 한계를 극복하고 실질적 행위자로의 전환을 모색하고 있으며, 이를 위해 역내 다자협력체제의 구축에 매우 적극적임), 둘째, 역내 국가인 북한, 중국, 일본과의 합의를 추진하며, 셋째, 역외 국가인 미국의 참여도 함께 추진하여야 한다.

이를 위해서는 우선 남북 철도를 연결하고 다시 중국과 러시아 철도와 연결하여 동아시아 국가들의 경제적 상호의존성을 강화시켜야 한다. 아울러 관련 국가의 장관급 협의채널을 구축하여 경제, 안보적 역내 통합의 기초를 확립하여야 한다.

대북경제제재 하에서는 유라시아철도공동체의 추진은 어렵다. 따라서 북한에 대한 철도 실사 결과를 바탕으로 대북제재 해제 이전에 우리가 준비하여야 할 사항을 찾아 추진하여야 한다. 유럽연합과의 협력을 강화하고 이를 지렛대 삼아 중국이나 러시아와 협력할 부분을 발굴하여야 한다. 이 경우 우리의 선진 ICT 기술에 기초한 철도운영시스템, 차량관리, 서비스 제공 등을 관련 국가들에게 지원하고 기술표준화를 모색할 수 있다.

네트워크를 유지하기 위한 에너지공동체 : 동북아에너지공동체

미국은 2018년도에 원유 최대 생산을 달성했다. 퍼미안(Permian) 분지 및 바켄(Bakken)지대에서의 비약적인 세일가스 생산 증가의 결과였다. 미국은 1953년 이래로 순 에너지수입국이었다. 그러나 이제는 원유 및 천연가스 생산량 증가 덕분에 2020년부터는 순 에너지수출국이 될 전망이다. 이미 2017년에 천연가스 순수출국이 되었으며, 2018년에도 수출을 지속하였다. 미국의 천연가스 수출은 캐나다와 멕시코를 연결하는 파이프라인, LNG터미널 등을 통해 지속적으로 증가할 것으로 보인다.

에너지 수출국이 된 미국은 원유의 안정적 확보를 위해 관심을 두었던 중동 지역보다는 자국의 에너지를 수입할 수 있는 인도·태평양지역 국가들로 관심을 돌리고 있다. '인도·태평양 정책'을 통해 인도 태평양 지역의 주요 고객들을 포섭함으로써 원유 시장 지배력을 강화하고자 하는 것이다. 아울러 이 정책을 통해 세계 최고의 에너지 수요국인 중국의 안정적 에너지 수급을 견제하고 압력을 가하고자 한다. 이에 중국은 러시아와 파이프라인을 연결하여 러시아 천연가스를 공급받음으로써, 안정적 에너지 수급을 달성하고자 노력 중이다.

미국은 우리에게 미국산 에너지 수입을 요구할 가능성이 매우 높다. 이는 우리나라가 미국의 최대 LNG 수입국이 된 것을 통해서도 알 수 있다. 우리는 미국산 LNG의 수입비중을 늘려가면서 미국과의 에너지 동맹 또한 강화할 필요가 있다. 미국으로부터 안정적이고 저렴한 에너지를 지속적으로 공급받음으로써 동북아의 안정적 관리가 대한민국뿐 아니라 미국의 이익에도 부합한다는 의식을 심어주어야 한다.

한편 우리는 한반도를 관통하는 파이프라인을 건설하여 러시아 천연가스를 북한을 통해 수입하고 이를 가공하여 일본과 대만 등으로 수출함으로써 동북아 에너지 중심국가로 성장할 수 있다. 러시아 파이프라인 사업을 당장 실행할 수는 없지만 이 사업을 진행하는 경우, 북한의 전력난 개선이 이루어지도록 하여야 한다. 파이프라인 사업을 진행하면서 북한 지역에 가스발전소를 3-4기 정도 건설하여 북한도 가스관에 대한 이해관계를 갖도록 하는 것이다. 이를 통해 안정적 가스관 운영을 담보하고 동북아 에너지 평화 공존에도 기여할 것이다.

이처럼 중국과 러시아, 북한과 우리나라가 파이프라인으로 에너지 공동체를 구성하고 미국과 일본 그리고 우리나라가 미국 LNG로 에너지 동맹을 구축함으로써 우리나라는 동북아 에너지 네트워크의 허브로 자리 잡을 것이다. 이는 동북아 지역 국가들의 안정적 에너지 수급을 보장함으로써 동북아 평화와 번영의 밑거름으로 작용할 것이다.

네트워크 확장에 따른 새로운 안보 위협에 적극 대처

4차 산업혁명과 지구화 4.0에 따른
시민안보, 환경안보, 기술안보의 추구

4차 산업혁명 기술을 기반으로 시민들과 기업의 서비스와 일상의 삶이 전 지구적 네트워크로 확장된 상황을 '지구화 4.0' 시대라고 한다. 지구화 4.0은 지식, 정보, 그리고 기술의 이전과 공유가 중심이 되는 시대를 의미한다. '지구화 4.0' 시대에는 인공지능과 로봇기술 등을 기반으로, 사람이나 공장의 이동 없이 지구적 차원의 효율적인 협업이 가능하게 된다.

2019년 세계경제포럼(WEF)에서는 '지구화 4.0: 4차 산업혁명 시대의 글로벌 구조 형성'이라는 핵심의제를 통해 전방위적으로 일어나는 다양한 변화 속에 새로운 접근에 기반한 글로벌 협력 체계 구축을 통해

〈표 2〉 WEF에서 제시한 지구화의 진화 및 시대별 주요 특징

구분	주요 특징
지구화 1.0	1차 세계대전 이전의 글로벌 거버넌스가 부재한 상황에서의 지구화: 자유방임 경제의 등장, 제국주의 열강의 식민지 개척과 상품 무역
지구화 2.0	2차 세계대전 종전 이후 BWS, IMF 등 국제 거버넌스의 제도화: 국가 간 상품무역 증대와 자유무역 통상 체계 확립
지구화 3.0	20세기 말 WTO 출범과 급속한 세계화의 심화: 선진국의 기술/자본 +개도국의 자원/노동력에 기반한 국제분업 활성화
지구화 4.0	21세기 4차 산업혁명 시대: AI, 로봇 등 첨단기술 및 디지털 경제의 발전으로 인력/재화를 넘어 서비스, 생활 부문의 글로벌화

＊자료: WEF(2018), If this is Globalization 4.0, What were the other three?, 22 Dec, 2018.

기회의 창출이 필요하다는 점을 강조한 바 있다.[12]

지구화 4.0시대에는 고도로 연결된 네트워크 안에서 새로운 유형의 위험 역시 확대·재생산되고 있다. 복잡한 이슈들이 초연결성을 기반으로 연결되어 수많은 이해관계자 간의 상호작용을 통해 위험이 예측 불가능한 방향으로 확산되고 있다. 4차 산업혁명 기술의 급격한 발전은 불평등을 심화시키고 정치사회적 갈등을 증폭시키며 글로벌 수준의 사회문제를 발생시킬 뿐만 아니라 새로운 수준과 형태의 위협 요인을 촉발시키고 있는 것이다. 기술적으로는 드론, 킬러 로봇 등 자율살상무기가 등장하고, 환경적으로는 기후변화, 감염병 등을 확산시키는 경향을 보이고 있다.

기후변화에 따른 식량 문제와 국제 분쟁에 따른 난민 문제는 전 지구

---

12) Klaus Schwab(2019). "Globalization 4.0: A New Architecture for the Fourth Industrial Revolution", Foreign Affairs.

적 이슈가 되었다. 지구화 4.0 시대의 새로운 위험들은 '시공간적 확장성'과 '불확실성(Uncertainty)의 확대'라는 공통점 안에서 기존의 전쟁이나 핵 위협과 같은 전통적 군사적 위험 못지않게 국가안보를 위협하는 새로운 위협이 되고 있다. 실제로 2018년 세계경제포럼(WEF)에서 다뤘던 안보 이슈에 관한 9개 세션의 주제 중 전통안보로 분류될 수 있는 주제는 핵무기 비확산 이슈 뿐이었다.[13] 이와 같이 기후변화, 감염병, 난민, 신기술, 사이버공격 등의 위험 이슈들이 지구화 4.0으로 인한 네트워크의 확대에 따라 국가안보 문제로 인식된 것이다.

지구화 4.0 시대에 안보의 주체와 대상, 적용범위에 대해서도 새롭게 고민하여야 한다. 유엔개발계획(UNDP)은 일상생활 속에서 안보를 추구하는 평범한 사람들의 관심에 주목할 것을 주창하면서 '인간안보'의 개념을 소개하였다. 전통적 안보의 개념은 외부의 침략으로부터 영토를 보존하고 외교정책을 통해 국가의 이익을 보호하거나 핵전쟁의 위협으로부터 전 세계의 안보를 지키는 기제로 이해되어 왔다. 그렇지만 이제는 일상생활의 안보로서 경제, 식량, 보건, 환경, 개인, 공동체, 정치 등 7가지 '인간안보'에 보다 주목하여야 한다는 것이다.

국제정치학에 있어 코펜하겐 학파는 군사안보, 정치안보, 경제안보, 사회안보, 환경안보를 새로운 안보로 제시하였다. 이후 2001년 설립된 유엔인간안보위원회는 2003년 5월 1일 〈인간안보 현황(Human

---

13) WEF(2018). Global Risk 2018, p.6.

Security Now)〉이라는 보고서를 발표했다. 인간안보의 목적은 인간의 자유와 성취도를 증진시키는 방향으로 모든 인간의 핵심적인 가치를 보호하는 것이며, 인간안보는 삶의 가장 핵심적인 요소인 자유를 보장하는 것이라고 하였다. 또한 도처에 만연된 위협으로부터 인간을 보호하는 것이며, 인간의 생존, 인간다운 삶, 존엄성을 유지할 수 있도록 정치, 사회, 환경, 군사, 문화시스템을 구축하는 것을 의미한다고 하였다.

4차 산업혁명과 지구화 4.0으로 인한 네트워크 확장에 따른 기후변화, 보건/감염병, 식량, 이민/난민, 신기술, 사이버공격, 에너지 등 새로운 안보 위협에 대응하기 위하여 '시민안보', '환경안보', '기술안보'를 새로운 안보 개념으로 주장하고자 한다. '시민안보'는 협의의 인간안보라고 할 수 있는데, 이민/난민 및 테러와 관련된 위협에 대응함은 물론, 재난재해로부터 안전을 확보하는 것을 말한다.

'환경안보'는 기후변화에 따른 전지구적 환경위험과 이에 따른 감염병의 확산과 식량 부족으로 인한 분쟁과 갈등에 대응하는 것이다. '기술안보'는 인공지능, 빅데이터, 사물인터넷 등 기술변화에 따른 패권경쟁과 국제질서 변화는 물론 사회와 문화의 변화에 대응하며, 에너지/자원의 개발과 수급안정성 및 관련 수출 분쟁에 대응하는 것을 포함한다.

이와 같이 4차 산업혁명과 지구화 4.0으로 촉발된 새로운 위협에 대하여 우리는 시민안보, 환경안보, 기술안보를 기반으로 국가적 대응 역량을 강화시켜야 한다. 아울러 한미동맹의 굳건한 기초 위에서 전통적인 군사안보 위협도 하여야 할 것이다.

기후변화와 안보

기후변화는 환경, 식량, 감염병, 토지 문제 등을 야기하여 내전, 시위, 파업, 폭동 등 국가내부에 심각한 갈등을 생성하는 사태이다. 이러한 내부 갈등은 국경 간 인구 이동으로 이어져 인접 국가들 사이의 긴장과 갈등으로 확산된다. 또한 이주민과 이들을 수용한 국가의 국민들 간의 갈등도 심각하다. 따라서 선진 각국은 기후변화로 인한 위협을 국가적 차원의 안보영역에서 전략적으로 다루고 있다. 기후변화는 2030년까지 빈곤, 사회적 긴장, 환경 파괴, 비효율적인 지도력, 취약한 정치 제도와 같은 현존하는 문제들을 악화시킬 것으로 보인다. 나아가 기후변화는 수자원에 대한 국가 간 충돌을 일으킬 수 있다. 특히 상당수 국가들이 수자원 부족, 수질 악화 또는 홍수와 같은 물과 관련된 심각한 문제를 경험하고 있으며, 이는 해당 국가의 안정성을 저해하고 인접국과의 긴장을 고조시킬 것이다.

기후변화는 경제적으로 불안정한 국가의 취약성과 불안정성을 더욱 증가시킨다. 기후변화만으로 분쟁이 야기되지 않지만, 기후변화가 다른 위협 요인들과 결합하여 관련 국가의 위험을 증가, 확대 또는 가속화시킨다. 그렇지만 분쟁의 근본 원인이라기보다는 인간의 기본적인 목적을 달성하지 못하게 하고 사회적 갈등을 악화시키는 요인으로 국력이 낮은 국가들 사이의 분쟁에 간접적으로 영향을 미친다.

기후변화는 '삼한사미'라는 말로 우리 삶에 크게 영향을 미치고 있다. 3일 춥고 4일 미세먼지에 시달리는 우리의 삶은 국가에 대하여 파란 하늘과 맑은 공기를 보장해 주기를 요구하고 있다. 통계청이 발간한 〈2018 사회조사 결과〉에 따르면, 국민 82.5%가 미세먼지를 '불안하다'고 응답했다. 미세먼지를 북한 핵문제나 감염병보다 심각한 안보 문제로 인식하고 있다. 미세먼지는 암을 유발하여 사망에 이르는 위험을 증가시키는 것으로 알려졌는데, 초미세먼지와 미세먼지가 $10\mu m/m^3$ 증가할 때마다 암으로 인한 사망 위험이 각각 17%와 9%씩 상승하는 것으로 조사되었다. 초미세먼지로 인하여 유방암, 신장암, 방광암으로 사망할 위험이 60%, 35%, 32% 상승하고, 미세먼지로 인해 후두암 사망 위험이 증가하는 것으로 조사되었다. 미세먼지 농도가 증가할수록 스트레스 위험이 20%, 삶의 질 악화 30%, 우울증 40%, 자살 충동이 24% 증가하는 것으로 나타났다. 미세먼지는 암으로 인한 사망위험을 상승시키는 것과 동시에 정신건강에도 치명적인 것이다. 이에 기후변화에 따른 미세먼지를 환경안보의 최우선순위로 정하고 그 해결을 위해 모든 역량을 집중하여야 한다.

기후변화는 사람의 생명·신체 및 시민의 재산에 대한 피해를 야기한다. 또한 에너지, 식량, 보건/감염병, 이상기후, 수자원, 재해재난 등 다양한 위험들이 관련되어 있고, 여러 사회적 문제를 통해 국가안보를 위협하고 있다. 따라서 기후변화에 대한 대응은 특정 부처를 중심으로 대응하는 것만으로는 한계가 있다. 기후변화에 대한 대응은 전 세계적인 문제로서 국제공조와 협력을 통한 적극적인 대응 체계를 모색해야 한다. 나아가 기후변화에 따른 북한 사회의 위험은 우리의 안전보장은 물론 동북아 국제질서와 관련된 문제이다. 따라서 기후변화와 관련된 정부 내 거버넌스 체계를 구축함에 있어 에너지, 식량, 이상기후, 보건/감염병 등의 문제를 유기적으로 조정하고, 국제공조와 협력을 효율적으로 추진해야 한다. 이를 위하여 현재 국회에 계류 중인 '기후변화 대응법안', '기후변화에 대응한 국민건강관리에 관한 법률안' 등을 통합하여 '기후변화 대응 특별법'을 제정하고, 대통령 소속의 합의제기관으로 '국가기후변화대응위원회'를 설치하는 한편 국가의 모든 행정력을 통원하여 기후변화와 환경위협에 적극적으로 대응하도록 해야 한다.

인공지능과 국가안보

인공지능을 발전시키고 잘 활용하고 있는 국가들은 경제적 이득은 물론 군사적 우위까지도 획득할 수 있다. 이익 극대화 자산 및 인공지능으로 노동 자동화를 촉진하면 국가 경제의 비약적 발전과 혁신 성장을 이룩할 수 있기 때문이다. 인공지능에서 우위를 점한 국가는 차세대 기술 혁신을 주도하면서 강성해 질 것이다. 인공지능은 기존 국제관계의 세력 지형까지도 변경시킬 수 있는 국가의 핵심 가치이다. 인공지능의 기술개발 경쟁은 △기술혁신 단계, △표준화 단계, △국제기구화 단계로 확산될 것으로 보인다.

인공지능 기술 경쟁에서 미·중에 뒤처진 우리는 우선 인공지능에 대한 윤리 지침 정립을 주장하여 기술개발을 위한 시간을 확보할 필요가 있다. 이를 위하여 인공지능 기술개발에서 후발 주자인 EU와 보조를 같이할 필요가 있다. 2019년 4월 8일 EU는 〈인공지능의 활용을 위한 윤리지침〉을 제정하였다.

EU는 이 지침에서 (1) 인간의 역할과 감독, (2) 견고성 및 안전성, (3) 개인정보 및 데이터 통제, (4) 투명성, (5) 다양성, 무차별성 및 공정성, (6) 사회적 환경적 복지, (7) 책임성 등 7가지 원칙을 제시하였다(뉴스타운, 2019.4.9). 이를 통해 우리도 미국이나 중국 등 인공지능 기술을 선도하고 있는 국가들에 대해 공정성, 책임성 및 투명성 등의 윤리 원칙을 규범화함으로써 인공지능 기술개발의 속도와 방향을 조절하도록 하여야 할 것이다. 다음으로 인공지능에 대한 동북아 지역 공동체의 표준과 윤리 지침을 정립하고 집행할 국제기구를 창립할 것을 주장할 필요가 있다.

인공지능 기술을 이용한 정보수집, 군수 향상, 지휘통제 개선 등 군사적 측면의 발전은 미래의 전쟁 양상을 완전히 바꾸어 놓을 전망이다. 정부는 인공지능의 발전과 활용에 따른 고용시장의 변화에 적극적으로 대응하는 전략을 수립하여야 한다. 인공지능의 발전에 따른 산업 변화에 대응하여 다양한 고용형태와 탄력적인 인력 운영이 가능하도록 노동시장의 유연성을 강화하여야 한다. 인공지능으로 새롭게 창출되는 일자리로의 지원과 재교육을 적극적으로 지원하여야 한다. 아울러 일자리 상실로 인한 사회불안을 해소하기 위하여 기본소득, 인공지능 로봇세(자동화세) 등에 대한 적극적 논의를 개시할 필요가 있다.

이상에서 제기한 문제와 사안들은 단순히 싱크탱크로서의 〈마포포럼〉만의 전유물이 아니다. 그동안 우리 사회는 물론 전 세계 정부와 학계, 정치·경제계가 공통의 문제의식을 갖고 대처해야 할 도전들, 그에 대해 검토할 수 있는 대안들, 그리고 향후 지향해야 하는 방향성들을 정리한 것이다. 구체적으로는 21세기 4차산업 혁명 시대에 진입한 우리 사회의 입장에서, 〈마포포럼〉의 집단지성으로 식별하고 고민하고 정리한 성과물이다. 〈마포포럼〉을 통해 모아진 이 지적 노력의 산물은 앞으로 필자가 '소명의 정치인', '대안을 제시하는 비전의 정치인'으로 살아나가기 위한 지적 양분이자 토대가 될 것이다. 이 과정에서 제시된 아이디어들이 완성되거나 완벽한 것이 아닐 수 있다. 그러나 앞으로 '공감경제', '공감 공동체 복지사회'를 통한 '공감정치'의 희망을 제시해 나가는 여정에서, 뜻을 같이하는 이들과 필자가 끊임없이 함께 풀어나갈 문제들을 보여준다. 이제 또다시 시작이다.

에필로그

나의 정치 입문은 의도된 것이 아니었다. 내가 MBC노조위원장을 마치고 MBC 간판 고발프로그램 '카메라출동'의 팀장으로 복귀했을 때였다. 열린우리당의 창당 움직임이 본격화되는 2003년 10월경이었다. 당시 열린우리당 주요인사에게서 만나자고 연락이 왔다. 그는 '진보적 성향을 갖춘 참신한 인물'을 찾고 있다면서 내게 17대 국회의원 총선 출마를 제안했다.

정치는 내게 아주 낯선 영역이 아니었다. 평생 올곧은 야당 정치인으로 살아오신 선친을 지켜보며 배웠던 것도 적지 않았다. 그렇지만 막상 그런 제안을 받자, 당황스럽기도 했다. '보고 배운 것'이 많은 만큼 부담도 컸다. 나는 어떤 가치관을 가지고 있는지, 공적 서비스인 정치를 할 능력은 갖추고 있는 것인지. 무엇보다도 섣불리 나섰다가 '마포새

우젓 정치인 노승환'에게 누를 끼치지는 않을까 하는 점이 고민이었다.

선친은 별 말씀이 없었다. 공직의 중압감을 누구보다 잘 알기에 내 스스로 결정하도록 배려하셨다. 한동안 고민했다. 잘할 수 있을까? 마침내 진실과 정의의 편에 서고자 하면 무엇이든 두렵지 않다는 결심이 섰다.

2003년말 21년의 기자생활을 마무리하고, 현장에서 발로 뛰는 '현장정치', 정치가 생활 자체가 될 수 있는 '생활정치', '공공서비스로서의 정치'를 구현하겠다.'는 신념으로 정치에 입문했다.

2004년은 참으로 혼란스러운 시기였다. 17대 총선이 치러지기 직전인 3월 새천년민주당과 한나라당, 자유민주연합 야합으로 노무현대통령이 탄핵되었다. 정치 입문을 준비하던 나로서는 매우 충격적 상황이었다. '보수우익의 마지막 저항'에 맞서 우리는 국민들에게 직접 호소했다. 그 결과로, 압도적 지지에 힘입어 열린우리당이 국회의 과반의석을 쟁취했다. 나도 17대 국회의원에 당선되었다.

초선 의원 시절 정말 열심히 일했다. 도시재정비촉진특별법 개정을 통해 열악한 마포의 주거환경 개선을 제도적으로 뒷받침했다. 이를 통해 층수 제한과 용적률 제한 규정을 완화시켰다. 2007년에는 마포 발전의 최대 장애물이었던 경의선 철도부지 8만여 평을 50년간 무상임대하기로 정부와 협약하는데 앞장섰다. 이에 따라 경의선 철길을 지하화하고 그 위 철도지상 부지를 경의선숲길 공원으로 조성했다. 공사를 위해 국비를 꾸준히 확보해 총 438억원의 예산을 투입하여 완성했다. 2016년 완공된 경의선 숲길은 서울시가 선정한 가장 잘한 정책 2위에 선정됐다. 마포구민 뿐만 아니라 주변 지역 주민들이 마포를 찾는 계기가 됐다.

원내대변인도 맡아 주요정책에 관하여 국민들께 알리는 창구역할을 했고, 각 당의 의견을 조율하는 수석 부대표로서 갈등조정 능력을 발휘하기도 했다. 2004년 국정감사 NGO모니터단 국정감사 우수의원을 시작으로, '7년 연속 민주당 국정감사 우수의원'으로 선정되었고, MBN·한국여성유권자연맹의 '참 괜찮은 의원상', '소상공인연합회 초정대상', '2019 과학기술 베스트 의정상', '21세기 한국인상 정치공로상', '한국인터넷소통협회 국회의원 소통대상', '국회사무처 선정 2018 입법 및 정책개발 우수 국회의원' 등을 수상했다.

낙선 이후 부족한 점을 배우고 익히면서 4년을 보낸 후 2012년 제19대 국회에 재 입성하였다. 지금도 그렇지만 '정치는 약자를 위한 보호막'이 되어야 한다는 소신을 늘 마음에 품었다. MBC 노조위원장 시절 청소원과 경비원 등 비정규직의 정규직화를 추진했고, 그것이 어렵게 되자 정규직들을 설득해서 임금을 동결하고 비정규직들의 2년 연속 25%씩 임금인상을 관철해 낸 것은 '약자를 보호해야 살만한 세상이 된다'는 평소 믿음의 발로였다.

19대 의정활동에서 가장 기억에 남는 것은 이마트 비정규직 노동자 1만2천명을 모두 정규직화하는 일에 기여한 것이다. 이마트 노조탄압 행위에 대해 내부 제보를 받아 직원에 대한 사찰, 미행, 도청, 부당노동

행위, 공직자 등에 대한 향응제공 등 1만여건의 내부문건을 공개하여 사회문제로 부각시켰고, 결국 2013년 3월 이마트 비정규직 노동자들이 일시에 모두 정규직으로 전환되는 우리 노동사의 한 획을 긋는 쾌거를 이뤄냈다.

야당 사무총장으로서 고질적인 병폐인 공직자의 비리 부정을 뿌리 뽑기 위해 각계의 수정요구에도 굴하지 않고 '부정청탁 금지 및 공직자 이해충돌방지법', 일명 '김영란법'을 주도해 통과시켰다. 대통령의 사면권 남용을 막기 위해 비리·횡령·배임 등 반사회적 범죄의 경우 사면을 불가능하게 하고 사면심사위원회를 통해 사면 대상자를 공정하고 투명하게 선정하도록 하는 사면법을 발의했다. 추진 과정에서 만류도 많았고, 심지어 노골적인 협박을 받기도 했다.

20대 국회가 개회된 2016년 가을, 교육문화체육위원회 국정감사를 통해 박근혜대통령 탄핵의 도화선이 된 미르재단과 K스포츠재단 비리 사건을 처음으로 공론화시켰다. 한국관광공사가 2015년 밀라노엑스포 개최 5개월을 앞두고 전시 감독을 차은택으로 교체하는 과정에서 청와대가 문체부에 압력을 행사했다는 의혹을 제기했고, 비선 실세 최순실 딸 정유라의 이화여대 불법입학을 처음으로 밝혀냈다.

지역구 국회의원은 국정을 위해서도 중요한 역할을 해야 하지만, 지역구를 보다 살기좋은 곳으로 만들기 위해서도 열과 성을 다해야 한다. 지난 4년 동안 서울시와 중앙정부로 하여금〈한강 살리기 계획〉을 수립하게 하여 한강변에 한류복합공연장(914억 원 규모) 건립을 확정 지었고, 공덕동로터리에 위치한 신용보증기금 건물을 리모델링, 국내 최고·최대 규모의 청년 창업혁신 타운으로 전환해서 1조 규모의 부가가치를 생산하는 혁신 성장 전진기지를 조성했다. 이 밖에 '안전한 마포'를 위한 구석구석 CCTV 설치, 초중고 교육환경 개선, 아파트 단지소음 환경개선 사업 등을 추진해 왔다.

나는 정치를 하면서 끊임없이 묻는다. 내가 하는 일이 약자를 위한 일인가? 사회 정의와 사회공정성을 높이는데 도움이 되는 일인가? 정치가 모든 문제를 해결할 수는 없다. 그러나 '국민들이 국가로부터 자신들이 최소한 차별받지 않는다.'고 공감할 수 있도록 하는 것이 정치이다. 그것이 내 마음속에 새긴 다짐이요, 소명이다.

노웅래의 공감정치

초판 1쇄 2020년 1월 14일

지은이 | 노웅래
펴낸이 | 송영석

펴낸곳 | (株)해냄출판사
등록번호 | 제10-229호
등록일자 | 1988년 5월 11일(설립일자 | 1983년 6월 24일)

04042 서울시 마포구 잔다리로 30 해냄빌딩 5·6층
대표전화 | 326-1600 **팩스** | 326-1624
홈페이지 | www.hainaim.com
편집 디자인 | 하나로애드컴(02-3443-8005)

ISBN 978-89-6574-985-1